WALKING GUIDE
BERLÍN

WALKING GUIDE

BERLÍN

ITINERARIOS A PIE

Paul Sullivan

NATIONAL GEOGRAPHIC

WALKING GUIDE
BERLÍN

SUMARIO

Páginas anteriores: Alexanderplatz. Izquierda: Hackesche Höfe. Derecha: Estatua en el Jagdschloss Grunewald. Arriba a la derecha: East Side Gallery. Abajo a la derecha: el Reichstag.

Johannes Brix-Berlin

Introducción

Vine a vivir a Berlín hace casi veinte años: los alquileres bajos, el auge de la escena artística y musical y su atmósfera relajada me fascinaron tanto como la idea de que cada rincón fuera fruto del contraste entre el pasado y el presente.

Pocas ciudades han vivido tantas vidas como Berlín. En menos de un siglo fue capital de un imperio, luego símbolo de decadencia y más tarde bastión del nazismo. Bombardeada, invadida y ocupada, terminó dividida, pero volvió a unirse y se convirtió en la capital de la Alemania reunificada.

Toda su historia revive a lo largo de Unter den Linden, la avenida que atraviesa la parte oriental de la ciudad: comienza en la Torre de la Televisión, icono de la Alemania del Este, continúa por sus jardines, ideal para hacerse un *selfie* con las estatuas de Marx y Engels, erigidas por las autoridades de la República Democrática Alemana (RDA) poco antes de la caída del Muro. Hacia el oeste queda la catedral de la época de los Habsburgo, que aún conserva las huellas de la Segunda Guerra Mundial, y la Humboldt-Universität, donde impartió clases Albert Einstein. Atraviesa la Puerta de Brandeburgo, que Napoleón y Hitler utilizaron como arco de triunfo, y pasa por encima de los ladrillos que quedan del famoso Muro. Por último, a la derecha, alza la vista hacia la gran cúpula de cristal que corona el Reichstag.

Al hojear esta guía, recuerda que, aunque tiene muchos monumentos, Berlín no es un museo. Tres décadas después de la caída del Muro, la ciudad está repleta de artistas de todo el mundo; y su pasado, tan intrigante como complicado, no le ha impedido vivir el presente y lanzarse al futuro.

Andrew Curry
Autor de National Geographic Traveler *y corresponsal extranjero en Berlín*

Algunos berlineses se relajan con una Berliner Pilsner en el Schleusenkrug, un rincón verde del popular Tiergarten.

Visitar Berlín

Desde la caída del Muro en 1989, Berlín ha sido objeto de una rápida y masiva remodelación. La antigua ciudad dividida ha cobrado una nueva vida alrededor del centro histórico y hoy en día la escena cultural es más animada que nunca, aunque las huellas de su turbulento pasado siguen fascinando a todo el mundo.

Berlín en pocas palabras

El centro histórico de Berlín se extiende a lo largo del río Spree, que atraviesa la ciudad de este a oeste. De aquí parten numerosos barrios, cada uno con sus propias características distintivas: el animado Kreuzberg al sur, el concreto Friedrichshain al este, el verde Tiergarten al oeste. Cada uno de ellos, al igual que muchos otros que se describen en esta guía, es interesante y merece una visita de al menos un día. Gran parte de lo que hoy constituye el centro de Berlín se encuentra más allá de la frontera que antaño era el Muro, en la antigua República Democrática Alemana (la RDA o DDR, *Deutsche Demokratische Republik*), donde abundan los recuerdos de la Guerra Fría.

Berlín día a día

Abierto todos los días La mayoría de lugares están abiertos todos los días, salvo excepciones debidas a festivos nacionales.

Lunes Todos los sitios están abiertos, excepto el AlliiertenMuseum, la Ala Antigua Galería Nacional, el Museo Antiguo, el Museo Bode, el Museo Alemán de la Tecnología, la Gemäldegalerie, el Jagdschloss Grunewald, la James-Simon-Galerie, la Knoblauchhaus, Legoland, el Museum Europäischer Kulturen, el Museo Nuevo, y el Museo de Pérgamo. El primer lunes de mes, la entrada a la Berlinische Galerie es reducida; el Centro de Visitantes del Memorial del Muro de Berlín está cerrado.

Martes Todos los sitios están abiertos, excepto el Museo Antiguo, la Berlinische Galerie, el Museo Bode, la Haus der Kulturen der Welt (exposiciones temporales), el Humboldt Forum y el Palais Populaire.

Jueves El PalaisPopulaire abierto hasta 21:00 h.

Sábado/domingo De noviembre a marzo se abre el Jagdschloss Grunewald. Todos los sitios están abiertos, excepto el Temporary Bauhaus-Archiv que cierra domingo.

Crucero por el Spree, entre la Isla de los Museos y el Monbijoupark.

Cómo desplazarse

La mayoría de los lugares para ver y visitar en Berlín están en el centro histórico, el corazón de la ciudad, y se puede llegar fácilmente a pie.

En cualquier caso, el transporte urbano, autobuses (*Busse*), tranvías (*Strassenbahnen*) y trenes, es bastante eficiente y pasan con frecuencia, lo que permite llegar a los lugares más alejados, gracias a la red de superficie (*S-Bahn*) y subterránea (*U-Bahn*).

Antes de comenzar la visita, procura conseguir un plano de la ciudad y del transporte público, disponible en las oficinas de turismo (ver pág. 177).

Berlín barato

En Berlín es fácil conseguir descuentos: en los billetes de transporte público o entradas de los museos, para comer o tomar una cerveza. La mejor opción es la **Berlin WelcomeCard** (ver pág. 175), con distinta duración, dependiendo de tu estancia en la ciudad. Incluye el uso gratuito del transporte urbano para un adulto y tres niños (hasta 14 años) y ofrece descuentos del 25 % al 50 % en más de 180 lugares de interés cultural y restaurantes. Cada WelcomeCard viene con un plano de la ciudad y de la red del transporte público.

Cómo utilizar la guía

Cada itinerario, ya sea a pie o en transporte público, está indicado en un mapa y se ha planificado teniendo en cuenta los horarios de apertura y las horas de menor afluencia. Muchos recorridos terminan cerca de restaurantes, teatros o lugares donde pasar la noche.

Visitas rápidas

Ideal para quienes solo disponen de un día o un fin de semana y quieren ver lo mejor de lo mejor. Elige el itinerario en función del tiempo y de de tus intereses: Berlín en un día; En un fin de semana; Para divertirse; El Berlín de los espías; Para los amantes de la arquitectura contemporánea; y En un fin de semana con niños.

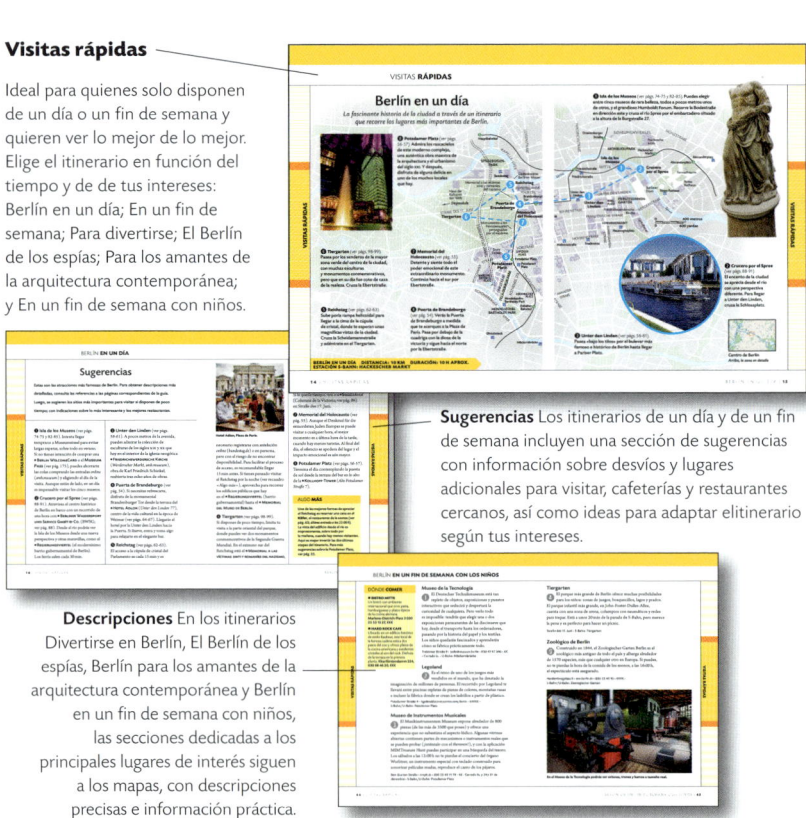

Sugerencias Los itinerarios de un día y de un fin de semana incluyen una sección de sugerencias con información sobre desvíos y lugares adicionales para visitar, cafeterías y restaurantes cercanos, así como ideas para adaptar el itinerario según tus intereses.

Descripciones En los itinerarios Divertirse en Berlín, El Berlín de los espías, Berlín para los amantes de la arquitectura contemporánea y Berlín en un fin de semana con niños, las secciones dedicadas a los principales lugares de interés siguen a los mapas, con descripciones precisas e información práctica.

Visitas a los barrios

Los siete capítulos sobre los barrios de Berlín comienzan con una introducción, a la que sigue un plano del itinerario destacando las etapas y acompañado de descripciones detalladas de los distintos lugares. Cada itinerario tiene una sección «En detalle» dedicada a un lugar de interés importante del recorrido, una sección «Así es Berlín» que proporciona información básica sobre un elemento típico del barrio, y otra titulada «Lo mejor», que agrupa los lugares por temas.

Itinerario Un plano de la zona muestra la ubicación de los lugares, las estaciones de tren y metro (S-Bahn y U-Bahn) y las calles principales.

Leyendas Describen brevemente los lugares más importantes e indican cómo continuar hacia el siguiente destino. Las referencias de página remiten a descripciones más detalladas en las páginas siguientes.

Recorrido Una línea de puntos conecta las distintas etapas.

Rangos de precios

€	Menos de 4 €
€€	4-8 €
€€€	8-13 €
€€€€	13-18 €
€€€€€	Más de 18 €

Rangos de precios de Dónde comer (por persona, bebidas no incluidas)

€	Menos de 15 €
€€	15-25 €
€€€	25-40 €
€€€€	40-60 €
€€€€€	Más de 60 €

Descripciones de los sitios principales Siguiendo el orden del itinerario, se describe con detalle cada destino, con novedades, dirección, web, teléfono, precio de la entrada, días de cierre y estaciones de tren y metro más cercanas.

Dónde comer En este recuadro se enumera una selección de cafeterías y restaurantes que se encuentran a lo largo del itinerario.

PARTE UNO

Visitas rápidas

Berlín en un día

La fascinante historia de la ciudad a través de un itinerario que recorre los lugares más importantes de Berlín.

8 **Potsdamer Platz** (ver págs. 56-57). Admira los rascacielos de este moderno complejo, una auténtica obra maestra de la arquitectura y el urbanismo del siglo XXI. Y después, disfruta de alguna delicia en uno de los muchos locales que hay.

6 **Tiergarten** (ver págs. 98-99). Pasea por los senderos de la mayor zona verde del centro de la ciudad, con muchas esculturas y monumentos conmemorativos, pero que en su día fue coto de caza de la realeza. Cruza la Ebertstraße.

7 **Memorial del Holocausto** (ver pág. 55). Detente y siente todo el poder emocional de este extraordinario monumento. Continúa hacia el sur por Ebertstraße.

5 **Reichstag** (ver págs. 62-63). Sube por la rampa helicoidal para llegar a la cima de la cúpula de cristal, donde te esperan unas magníficas vistas de la ciudad. Cruza la Scheidemannstraße y adéntrate en el Tiergarten.

4 **Puerta de Brandeburgo** (ver pág. 54). Verás la Puerta de Brandeburgo a medida que te acerques a la Plaza de París. Pasa por debajo de la cuadriga con la diosa de la victoria y sigue hacia el norte por la Ebertstraße.

Map labels:
Hauptbahnhof
LUISENSTRAße
KAPELLE-UFER
SPREEBOGEN-PARK
Bundestag
Gedenkst Berliner M
Memorial a las víctimas sinti y romaníes del nazismo
Reichstag
REGIERU VIERT
Brande Tor
Haus der Kulturen der Welt
Siegessäule
STRAßE DES 17. JUNI
Tiergarten 6
Puerta de Brandeburgo 4
Memori del Holo 7
Monumento a los homosexuales perseguidos por el nazismo
TIERGARTENTUNNEL
Sony Center
VOßSTRAß
LEIPZIGER PLATZ
Potsdamer Pl
8
Potsdamer Platz
Potsdam Platz
POTSDAMER STRAße
MARLENE-DIETRICH-PLATZ
TILLA-DURIEUX-PARK
LINKSTRAße
KÖTHENER STR
STRESEN
SCHÖNEBERGER
ASKANISCHE PLAT
Mendelssohn-Bartholdy-Park
Anhalter Bahnhof
MENDELSSOHN-BARTHOLDY-PARK
UFER
Gleisdreieck
Möckernbr

❶ Isla de los Museos (ver págs. 74-75 y 82-85). Puedes elegir entre cinco museos de rara belleza, todos a pocos metros unos de otros, y el grandioso Humboldt Forum. Recorre la Bodestraße en dirección este y cruza el río Spree por el embarcadero situado a la altura de la Burgstraße 27.

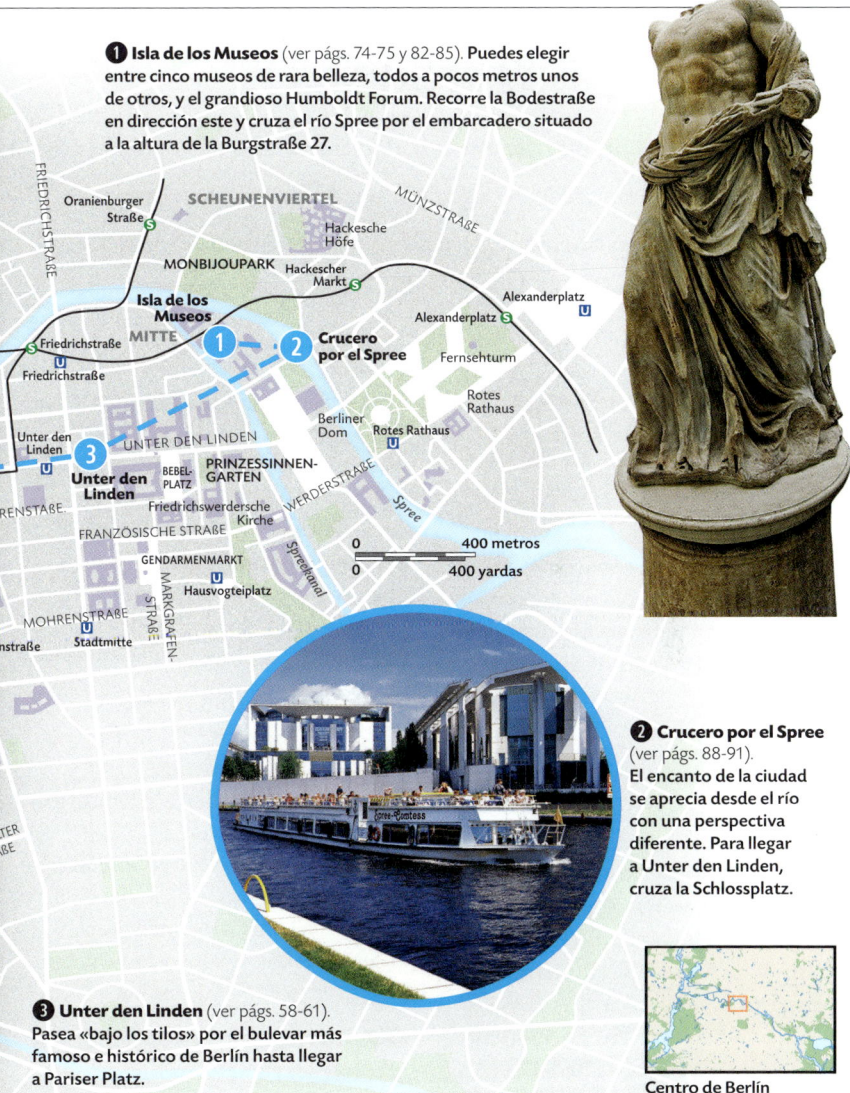

❷ Crucero por el Spree (ver págs. 88-91). El encanto de la ciudad se aprecia desde el río con una perspectiva diferente. Para llegar a Unter den Linden, cruza la Schlossplatz.

❸ Unter den Linden (ver págs. 58-61). Pasea «bajo los tilos» por el bulevar más famoso e histórico de Berlín hasta llegar a Pariser Platz.

Centro de Berlín
Arriba, la zona en detalle

Sugerencias

Estas son las atracciones más famosas de Berlín. Para obtener descripciones más detalladas, consulta las referencias a las páginas correspondientes de la guía. Luego, se sugieren los sitios más importantes para visitar si dispones de poco tiempo; con indicaciones sobre lo más interesante y los mejores restaurantes.

VISITAS RÁPIDAS

❶ Isla de los Museos (ver págs. 74-75 y 82-85). Intenta llegar temprano a Museumsinsel para evitar largas esperas, sobre todo en verano. Si no tienes intención de comprar una ■ BERLIN WELCOMECARD o el MUSEUM PASS (ver pág. 175), puedes ahorrarte las colas comprando las entradas *online* (*smb.museum*) y eligiendo el día de la visita. Aunque están de lado, en un día es impensable visitar los cinco museos.

❷ Crucero por el Spree (ver págs. 88-91). Atraviesa el centro histórico de Berlín en barco con un recorrido de una hora con ■ BERLINER WASSERSPORT UND SERVICE GMBH & CO. (BWSG; ver pág. 88). Desde el río podrás ver la Isla de los Museos desde una nueva perspectiva y otras maravillas, como el ■ REGIERUNGSVIERTEL (el modernísimo barrio gubernamental de Berlín). Los ferris salen cada 30 min.

❸ Unter den Linden (ver págs. 58-61). A pocos metros de la avenida, puedes admirar la colección de esculturas de los siglos XIX y XX que hay en el interior de la iglesia neogótica ■ FRIEDRICHSWERDERSCHE KIRCHE (*Werderscher Markt, smb.museum*), obra de Karl Friedrich Schinkel, reabierta tras ocho años de obras.

❹ Puerta de Brandeburgo (ver pág. 54). Si necesitas refrescarte, disfruta de la monumental Brandenburger Tor desde la terraza del ■ HOTEL ADLON (*Unter den Linden 77*), centro de la vida cultural en la época de Weimar (ver págs. 64-67). Llegarás al hotel por la Unter den Linden hacia la Puerta. Si llueve, entra y toma algo para relajarte en el elegante bar.

❺ Reichstag (ver págs. 62-63). El acceso a la cúpula de cristal del Parlamento es cada 15 min y es

Hotel Adlon, Plaza de París.

necesario registrarse con antelación *online* (*bundestag.de*) o en persona, pero con el riesgo de no encontrar disponibilidad. Para facilitar el proceso de acceso, es recomendable llegar 15 min antes. Si tienes pensado visitar el Reichstag por la noche (ver recuadro «Algo más»), aprovecha para recorrer los edificios públicos que hay en el ■ Regierungsviertel (barrio gubernamental) hasta el ■ Memorial del Muro de Berlín.

❻ Tiergarten *(ver págs. 98-99)*. Si dispones de poco tiempo, limita tu visita a la parte oriental del parque, donde puedes ver dos monumentos conmemorativos de la Segunda Guerra Mundial. En el extremo sur del Reichstag está el ■ Memorial a las víctimas sinti y romaníes del nazismo,

una piscina circular con una estela triangular que sostiene una flor. Más al sur, cerca de Lennéstraße, verás el ■ Moumento a los homosexuales perseguidos por el nazismo (ver pág. 55). Si te queda tiempo, vete a la ■ Siegessäule (Columna de la Victoria; ver pág. 99) en Straße des 17. Juni.

❼ Memorial del Holocausto (ver pág. 55). Aunque el Denkmal für die ermordeten Juden Europas se puede visitar a cualquier hora, el mejor momento es a última hora de la tarde, cuando hay menos turistas. Al final del día, el silencio se apodera del lugar y el impacto emocional es aún mayor.

❽ Potsdamer Platz (ver págs. 56-57). Termina el día contemplando la puesta de sol desde la terraza del bar en lo alto de la ■ Kollhoff-Tower (*Alte Potsdamer Straße 7*).

ALGO **MÁS**

Una de las mejores formas de apreciar el Reichstag es reservar una cena en el **Käfer**, el restaurante de la azotea (ver pág. 63; *última entrada a las 22:00 h*). La vista del edificio desde el río es impresionante, sobre todo por la mañana, cuando hay menos visitantes. Aquí es mejor invertir las dos últimas etapas del itinerario. Para más sugerencias sobre la Potsdamer Platz, ver pág. 25.

VISITAS RÁPIDAS

Berlín en un fin de semana

El itinerario para ver lo mejor de Berlín en dos días comienza con un crucero por el Spree.

❶ **Crucero por el Spree** (ver págs. 88-91). **Un recorrido por las principales atracciones de la ciudad sentados en un ferri. Dirígete hacia el oeste, cruza la Museumsinsel por la Bodestraße y luego hacia el sur por Am Zeughaus, bordeando el río por el Spreekanal.**

❷ **Unter den Linden** (ver págs. 74-75 y 82-85). **Recorre esta grandiosa avenida en dirección oeste. Por el camino verás la estatua ecuestre de Federico II El Grande. Más adelante te esperan la Pariser Platz y la Puerta de Brandeburgo.**

❸ **Puerta de Brandeburgo** (ver pág. 54). **Pasa por debajo de las columnas de la Brandenburger Tor y estrecha la mano al Oso de Berlín, si tienes la suerte de encontrarlo. Toma la Ebertstraße en dirección sur.**

❹ **Memorial del Holocausto** (ver pág. 55). **En la esquina sureste del Memorial está el Centro de Información, donde podrás conocer más sobre la tragedia que sufrieron los judíos, víctimas del Holocausto.**

BERLÍN EN UN FIN DE SEMANA DÍA 1   DISTANCIA: 3,2 KM
DURACIÓN: 6 H APROX.   ESTACIÓN S-BAHN: HACKESCHER MARKT

DOROTHEENSTÄDTISCHER FRIEDHOF

TORSTRABE

LINIEN STRABE

AUGUSTSTRABE

ROSENTHALER STRABE

Rosa-Luxemburg-Platz

KARL-LIEBKNECHT-STRABE

FRIEDRICHSTRABE

Oranienburger Strasse

SCHEUNENVIERTEL

Weinmeisterstraße

MÜNZSTRABE

Hackesche Höfe

REINHARDTSTRABE

MONBIJOUPARK

Hackescher Markt

Spree

Alexanderplatz

PREEBOGEN- PARK

KAPELLE-UFER

Friedrichstraße

MITTE

Friedrichstraße

Alexanderplatz

① Crucero por el Spree

Fernsehturm

Bundestag

Humboldt-Universität

Berliner Dom

PLATZ DER REPUBLIK

⑤ Reichstag

REGIERUNGS-VIERTEL

Unter den Linden

Museumsinsel

Deutsches Historisches Museum

Rotes Rathaus

Sowjetisches Ehrenmal

Puerta de Brandeburgo

UNTER

DEN LINDEN

**② **

BEBEL-PLATZ

PRINZESSINNEN-GARTEN

NIKOLAIVIERTEL

PARISER PLATZ

**③ **

Brandenburger Tor

Unter den Linden

WERDERSTRABE

Spree

mento a los mosexuales perseguidos or el nazismo

④ Memorial del Holocausto

GLINKASTR.

FRANZÖSISCHE STR.

GENDARMENMARKT

Spreekanal

GERTRAUDENSTRABE

MARKGRAFEN-STRABE

Hausvogteiplatz

KURSTR.

LENNÉSTRABE

EBERTSTR.

MOHRENSTRABE

Mohrenstrasse

Stadtmitte

STRABE

Spittelmarkt

WALLSTRABE

VORSTRABE

POTSDAMER PLATZ

LEIPZIGER PLATZ

LEIPZIGER

KRAUSENSTRABE

MAUERSTR.

TILLA-DURIEUX-PARK

LINKSTRABE

KOTHENER STR.

Potsdamer Platz

Potsdamer Platz

NIEDERKIRCHNERSTR.

Checkpoint Charlie

ZIMMERSTRABE

KOCHSTRABE

⑤ Reichstag (ver págs. 62-63).
La última parada del día es el Reichstag, con su cúpula de cristal desde la que se puede admirar la magnífica silueta de la ciudad.

Centro de Berlín
Arriba, la zona en detalle

Sugerencias

Dos días son suficientes para saborear los contrastes de Berlín. El primer día no está muy cargado, pero puedes improvisar. A continuación te dejamos algunas ideas para hacer algún desvío y más adelante encontrarás más información sobre las etapas y los monumentos del recorrido.

❶ **Crucero por el Spree** (ver págs. 88-91). El crucero es una forma estupenda de obtener una rápida panorámica de la ciudad y comenzar el fin de semana de visita. Los recorridos de ▪ BERLINER WASSERSPORT UND SERVICE GMBH &Co. (BWSG; ver pág. 88) duran 1 h y salen cada 30 min. Por la mañana hay menos gente, pero para evitar sorpresas, es mejor reservar con antelación por internet, sobre todo en verano (*bwsg-berlin.de*).

Puestos frente a la Humboldt-Universität.

❷ **Unter den Linden** (ver págs. 74-75 y 82-85). Recorriendo esta grandiosa avenida de este a oeste, detente a admirar un par de grandes patios que suelen pasar desapercibidos para los turistas. El primero es el de la ▪ HUMBOLDT-UNIVERSITÄT (*n.º 6*), la universidad donde estudiaron Albert Einstein y Karl Marx. A menudo se celebra un mercadillo de libros usados (*el horario no es fijo*). Al lado está una de las sedes de la ▪ STAATSBIBLIOTHEK ZU BERLIN (*n.º 8*), con un agradable patio interior donde puedes hacer una parada y descansar en los bancos a la sombra. Para tomar algo, puedes elegir entre los muchos locales que hay en Unter den Linden, pero uno de los más famosos es el célebre ▪ NANTE-ECK (*n.º 35*), con su decoración clásica y sus antiguas recetas de la cocina berlinesa. Lo encontrarás justo antes del cruce con Glinkastraße.

❸ Puerta de Brandeburgo (ver pág. 54). Brandenburger Tor es uno de los monumentos más visitados de todo Berlín. Si tu llegada coincide con la de algún autobús lleno de turistas, intenta refugiarte en la menos conocida ▪ **SALA DEL SILENCIO**, en el lado norte de la Puerta. Como alternativa, crúzala y entra en la zona este del ▪ **TIERGARTEN** (ver págs. 98-99) para un relajante paseo por el parque más grande de la ciudad. A poca distancia, en la Straße des 17. Juni, no te saltes el ▪**SOWJETISCHES EHRENMAL** (ver pág. 99), que conmemora la victoria soviética sobre los nazis en la batalla de Berlín. En esta zona del parque, frente al Memorial del Holocausto (ver más adelante), se encuentra el ▪**MONUMENTO A LOS HOMOSEXUALES PERSEGUIDOS POR EL NAZISMO** (ver pág. 55). Para continuar la visita, sal a la Ebertstraße.

❹ Memorial del Holocausto (ver pág. 55). El monumento Denkmal für die ermordeten Juden Europas es una de las principales atracciones, pero no todo el mundo visita el ▪ **CENTRO DE INFORMACIÓN**, un espacio subterráneo de 800 m² en el que se exponen testimonios de personas y familias judías exterminadas por los nazis y se ofrece información histórica detallada sobre el alcance del exterminio.

❺ Reichstag (ver págs. 62-63). Cualquiera que quiera entrar en el Parlamento debe registrarse previamente, pero en lugar de hacerlo el mismo día, es mejor hacerlo *online* y reservar la hora que prefieras. Si llegas temprano, intenta visitar la ▪ **CANCILLERÍA FEDERAL** (Bundeskanzleramt; ver pág. 37), otro edificio interesante en el barrio gubernamental, que abre al público una vez al año, incluso sus interiores. Para disfrutar de una bonita panorámica de todo el barrio, cruza el Kanzlerbrücke (el puente detrás de la Cancillería Federal) hacia el ▪**KANZLERGARTEN**. Al norte del Reichstag, el parque ▪ **SPREEBOGENPARK** (ver pág. 104) abraza el meandro del Spree y es ideal para dar un paseo junto al río.

Berlín en un fin de semana

El recorrido de dos días es especialmente intenso, ya que incluye la visita a los lugares culturales más importantes de la ciudad.

❶ Hackesche Höfe (ver págs. 80-81). **Con sus ocho patios conectados, este complejo de estilo** *art nouveau* **es un oasis de tranquilidad, lleno de cafeterías y** *boutiques*. **Dirígete hacia el sur por la Neue Promenade y luego por la Burgstraße.**

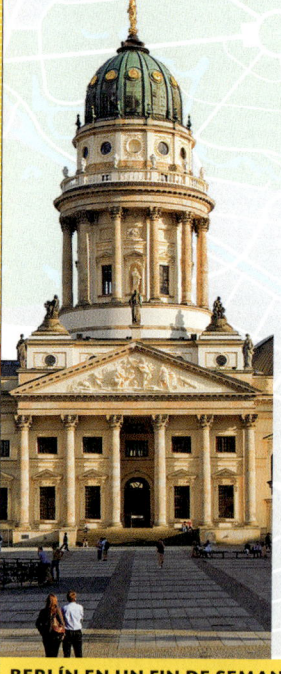

❷ Catedral de Berlín (ver págs. 75-76). Desde lo alto de esta inmensa catedral tendrás una vista panorámica de todo el centro de la ciudad. Caminando por Lustgarten llegarás a la Museumsinsel.

❸ Isla de los Museos (ver págs. 74-75). Con una aterradora belleza y cultura, elige lo que más te guste. Continúa hacia el oeste por Bodestraße, después hacia el sur por Oberwallstraße hasta Französische Straße.

❹ Mercado de los Gendarmes (ver págs. 60-61). Esta hermosa plaza está rodeada por dos iglesias que vale la pena visitar. Al salir a Kronenstraße, dirígete hacia el oeste por Friedrichstraße.

Map labels:
KAPELLE-UFER
Bundestag
PLATZ DER REPUBLIK — Reichstag
SCHEIDEMANNSTRAßE
REGIERU VIERT
PARISER PLATZ
Brandenburger Tor — Brandent Tor
TIERGARTEN
Denkmal für ermordeten Juden Europa
LENNÉSTRAßE
Sony Center
VOßSTRAßE
LEIPZIGER PLATZ
Potsdamer Platz
KULTUR-FORUM — **Potsdamer Platz** 6
Daimler Contemporary — Potsdamer Platz
MARLENE-DIETRICH-PLATZ
Topogr des Te
LINK STRAße
TILLA-DURIEUX-PARK
KÖTHENER STR
ASKANISCHER PLATZ
Mendelssohn-Bartholdy-Park
MENDELSSOHN-BARTHOLDY-PARK — An Bal
Möckernbrücke
TIERGARTEN

BERLÍN EN UN FIN DE SEMANA DÍA 2
DURACIÓN: 9 H APROX.
DISTANCIA: 7,2 KM
ESTACIÓN S-BAHN: HACKESCHER MARKT

Mapa

LINIEN STRAßE

AUGUSTSTRAßE

Weinmeisterstraße 🇺

SCHEUNENVIERTEL

Oranienburger
Straße 🇸

**Hackesche
Höfe** ①

Hackescher
Markt

MONBIJOUPARK

Spree

**Isla de
los Museos**

MITTE ③

Pergamonmuseum

Friedrichstraße 🇸

🇺 Friedrichstraße

**Catedral
de Berlín** ②

Altes
Museum

Humboldt
Forum

UNTER 🇺 DEN
Unter den
Linden

LINDEN
BEBEL-
PLATZ

WERDERSTRAßE

Spreekanal

GERTRAUDENSTRAßE

nte SchokoWelt ④

**Mercado de los
Gendarmes**

Hausvogteiplatz 🇺

KURSTR.

MOHRENSTRAßE

Stadtmitte 🇺
enstraße

STRAßE

Spittelmarkt 🇺

LEIPZIGER

KRAUSENSTRAßE

| 0 | 400 metros |
| 0 | 400 yardas |

**Checkpoint
Charlie**

ZIMMERSTRAßE

Trabi-
Museum 🇺 Kochstraße

KOCHSTRAßE ⑤

Berlinische
Galerie

Jüdisches
Museum

FRIEDRICHSTRAßE

MAUERSTR.

CHARLOTTENSTRAßE

⑥ **Potsdamer Platz** (ver págs. 56-57). **Para
terminar con broche de oro, disfruta de una
película en el cine, un cóctel o una cena en uno
de los barrios más animados de la ciudad.**

Centro de Berlín
Arriba, la zona en detalle

⑤ **Checkpoint Charlie** (ver pág. 57).
Para conocer todos los detalles de
la vida en Berlín cuando existía el Muro.
Continúa hacia el oeste
por Zimmerstraße, después por
Niederkirchnerstraße y hacia el norte
por Stresemannstraße.

Sugerencias

El segundo día del recorrido visita las atracciones culturales más importantes de Berlín. Para más información, consulta las referencias indicadas. Las breves descripciones te permiten seleccionar qué visitar si dispones de poco tiempo, tomar desvíos a lo largo del recorrido y elegir dónde comer o tomar algo.

❶ **Hackesche Höfe** (ver págs. 80-81). Déjate sorprender entre los locales, las tiendas y las galerías de esta ciudad dedicada a las compras. Tómate un café en el ▪ **Hackescher Hof Restaurant** (*Hof 1, abierto desde las 09:00 h*) y regálate un *souvenir*.

❷ **Catedral de Berlín** (ver págs. 75-76). Antes de entrar en la Berliner Dom, tómate tiempo para explorar la

El centro cultural está ubicado en Schlossplatz, en la plaza del castillo.

obra maestra de Berlín, el ▪ **Foro Humboldt** (ver págs. 76-77), el nuevo centro cultural y científico, donde convergen las propuestas de cuatro instituciones. Las diferentes áreas, cuya remodelación finalizó en 2022, albergan el Museo Etnológico y el Museo de Arte Asiático, además de instalaciones, programas educativos y de investigación. Si no tienes tiempo, sáltate la visita guiada a la catedral, pero intenta subir hasta la cima para ver el centro de Berlín desde arriba. Antes de partir, descansa en el jardín de enfrente, el Lustgarten (ver pág. 76).

❸ **Isla de los Museos** (ver págs. 74-75, 82-85). En lugar de intentar ver todos los museos de Museumsinsel, elige un par de obras maestras de uno o dos de ellos: lamentablemente, tendrás que descartar la *Puerta del mercado de Mileto* o la *Puerta de Ishtar* del

VISITAS RÁPIDAS

■ **Museo de Pérgamo** (ver págs. 74-75), que actualmente se encuentra en obras, pero puedes admirar la llamada «Diosa de Berlín», una antigua estatua griega en el ■ **Museo Antiguo** (ver pág. 75). Si compras uno de los pases o entradas combinadas, ahorrarás unos euros y evitarás colas (ver pág. 175).

❹ Mercado de los Gendarmes

(ver págs. 60-61). Gendarmenmarkt, renovada con un pavimento sin barreras y un nuevo sistema sostenible de drenaje del agua de lluvia, está repleta de tiendas y cafeterías y es ideal para disfrutar del ambiente de la ciudad o para dedicarse a las compras. Los más golosos no pueden perderse el ■ **Bunte SchokoWelt** (un mundo de chocolate; ver pág. 41) de Ritter Sport, donde puedes crear tu propia tableta personalizada, o la tienda de chocolate más grande de Europa, ■ **Rausch Schokoladenhaus** (*Charlottenstraße 60*), en la esquina suroeste de la plaza. En diciembre encontrarás uno de los ■ **mercados navideños** (ver págs. 120-121).

❺ Checkpoint Charlie (ver pág. 57).

Desvíate a ■ **Topographie des Terrors** (*Niederkirchnerstraße 8*), antigua sede de la Gestapo. Cerca del Checkpoint Charlie se encuentra el ■ **Museo Trabi** (ver págs. 28-29), que rinde homenaje al coche nacional de la antigua

Alemania Oriental (Deutsche Demokratische Republik, RDA).

❻ Potsdamer Platz (ver págs. 56-57).

Los amantes de la historia podrán ver otros restos del ■ **Muro** y, gracias a los paneles expuestos, descubrir la desolación que hubo. Los amantes de las compras encontrarán lo que buscan en la ■ **Potsdamer Platz Arkaden** (*Alte Potsdamer Straße 7, potsdamerplatz.de*). Las atracciones culturales son el cercano ■ **Kulturforum** (ver Nueva Galería Nacional y Bauhaus-Archiv en págs. 96-98) y la ■ **Daimler Contemporary** (*Alte Potsdamer Straße 5, art.daimler.com*), la galería que alberga unas 2000 obras de arte, en su mayoría del siglo XX, entre las que hay algunas grandes esculturas. Por último, para reponer fuerzas, ■ **Weilands** (*Eichhornstraße 3, weilands-wellfood.de*) ofrece platos frescos y saludables.

Divertirse en Berlín

Un recorrido por el este y el oeste para admirar la ciudad desde las alturas, dar una vuelta en un Trabant y escuchar grandes conciertos de música clásica.

❻ **Filarmónica de Berlín** (ver pág. 29). Termina el día con un concierto en una de las salas más elegantes de Europa, en el corazón del Kulturforum.

❺ **Museo del Cine y la Televisión** (ver pág. 29). Descubre la fascinante historia del cine alemán en este museo de vanguardia. Dirígete hacia el oeste por Potsdamer Straße y después hacia el sur por Mauerstraße.

❹ **Tiergarten** (ver págs. 29 y 98-99). Un oasis verde donde podrás pasear en barca de remos por el Neuer See o subir a la Columna de la Victoria. Continúa hacia el este por Tiergartenstraße.

DIVERTIRSE EN BERLÍN
DURACIÓN: 11-12 H

DISTANCIA: 10 KM
ESTACIÓN S-BAHN/U-BAHN: ALEXANDERPLATZ

❶ Torre de la Televisión (ver págs. 28 y 78). Desde la imponente Torre de la Televisión (Fernsehturm) de la antigua RDA se disfruta de la mejor panorámica del centro de Berlín. Dirígete hacia el norte por Karl-Liebknecht-Straße y después hacia el oeste por Dircksenstraße hasta An der Spandauer Brücke. Gira a la derecha y un poco más adelante encontrarás Rosenthaler Straße.

0   400 metros
0   400 yardas

OTHEENSTÄDTISCHER FRIEDHOF

TORSTRAßE

AUGUSTSTRAßE

FRIEDRICHSTRAßE

SCHEUNENVIERTEL

Weinmeisterstraße

KARL-LIEBKNECHT-STRAßE

WADZECKSTRAßE

Oranienburger Straße

Hackesche Höfe ❷

MÜNZSTRAßE

REINHARDTSTRAßE

MONBIJOUPARK

Hackescher Markt

ALEXANDER-PLATZ

Alexanderplatz

MITTE

Friedrichstraße

Friedrichstraße

Museumsinsel

Berliner Dom

❶ **Torre de la Televisión**

REICHSTAGUFER

CHARLOTTENSTRAßE

Deutsches Historisches Museum

Rotes Rathaus

REGIERUNGS-VIERTEL

UNTER DEN LINDEN

BEBEL-PLATZ

PRINZESSINNEN-GARTEN

NIKOLAIVIERTEL

Brandenburger Tor

Unter den Linden

Spree

BEHRENSTRAßE

WERDERSTRAßE

MAL FÜR DIE RDETEN EUROPAS

GLINKASTR.

FRANZÖSISCHE STRAßE

GENDARMENMARKT

Hausvogteiplatz

Stadtmitte

Mohrenstraße

LEIPZIGER STRAßE

Museo del Cine y la Televisión

❺

damer

Museo Trabi

Checkpoint Charlie

❸

Kochstraße

Centro de Berlín
Arriba, la zona en detalle

❷ **Hackesche Höfe** (ver págs. 28 y 80-81). ¿Por qué no sucumbir al encanto de las *boutiques*? Regresa a Karl-Liebknecht-Straße y, en el cruce con Spandauer Straße, toma el autobús 200 en dirección al Zoo. Bájate en la parada Stadtmitte.

❸ **Museo Trabi** (ver págs. 28-29). Disfruta de un poco de nostalgia y date una vuelta en un Trabant por las calles de Berlín. Toma el U-Bahn (U6) hasta Friedrichstraße y luego el S-Bahn (S5 o S7) hasta Tiergarten.

VISITAS RÁPIDAS

Torre de la Televisión

1 En la época de la RDA, la Fernsehturm era uno de los símbolos de Berlín Oriental y de la Alemania socialista. Hoy, su silueta omnipresente aparece en postales, pins y camisetas. Toma el ascensor y sube hasta la esfera que hay en la parte superior: desde esta especie de cápsula espacial podrás ver las atracciones de la ciudad: el **Reichstag** (ver págs. 62-63), la **Puerta de Brandeburgo** (ver pág. 54) y la **Potsdamer Platz** (ver págs. 56-57). Se divisa el monumental **Olympiastadion** (ver págs. 158-159).

Panoramastraße 1A • *tv-turm.de* • 030 24 75 75 875 • €€€€ •
S-Bahn/U-Bahn: Alexanderplatz

Hackesche Höfe

2 Estos ocho patios restaurados son ahora uno de los principales destinos para ir de compras en el centro de Berlín. Inaugurados en 1906 como sede de fábricas y oficinas, hoy están repletos de *boutiques* y galerías. Hay tiendas de ropa y calzado originales y de diseñadores independientes. Si buscas recuerdos típicos alemanes, acércate a **Ampelmann** (*Hof 5, 030 44 72 64 38, ampelmann.de*), donde encontrarás una gran variedad de artículos con el famoso hombrecito del semáforo de la Alemania Oriental.

Rosenthaler Straße 40-41 • *hackesche-hoefe.de* • S-Bahn: Hackescher Markt

Únete a otros fans del «Trabi» en las visitas organizadas por el museo.

Museo Trabi

3 El Trabi Museum cerca de Checkpoint Charlie y rinde homenaje al «Volkswagen del Este» con una exposición que narra la historia del Trabant. En la antigua RDA, los años estaban marcados por dos fechas lejanas: la fecha en que se encargaba un Trabant y la fecha en que se entregaba el coche. Hoy en día, tú también puedes ponerte al volante para dar una vuelta por las calles de Berlín (*a partir de 49 €*). Se necesita carné de conducir y hay que reservar con antelación (*trabi-safari.de, para más detalles*).

Zimmerstraße 14-15 • *trabi-museum.com* • **030 30 20 10 30** • **€€** • U-Bahn: Kochstraße/Checkpoint Charlie

Tiergarten

4 Si visitas el parque al atardecer, te espera una vista magnífica en el Museo de Farolas de Gas (Gaslaternen-Freilichtmuseum; *Joseph-Haydn-Straße, 030 90 25 41 24*), una exposición al aire libre de noventa farolas históricas de diferentes zonas de Berlín; restauradas, que iluminan un camino serpenteante desde el atardecer. En verano, vete al **Neuer See** para dar un paseo en barca de remos por el lago. El museo y el lago están cerca de la estación de S-Bahn de Tiergarten.

Straße des 17. Juni • S-Bahn: Tiergarten

Museo del Cine y la Televisión

5 El Deutsche Kinemathek se ha trasladado a una nueva sede en la antigua subestación eléctrica E-Werk, ejemplo de arquitectura industrial de los años veinte. Recorre la historia del cine alemán a través de los carteles, fotografías, guiones, trajes originales y objetos de atrezo. No te pierdas las secciones dedicadas a estrellas como Marlene Dietrich y al director de *Metropolis*, Fritz Lang.

Mauerstraße 79 • *deutsche-kinemathek.de* • **030 30 09 030** • **€€€** • Cerrado ma. • U-Bahn: Stadtmitte

Filarmónica de Berlín

6 Para ver la Orquesta Filarmónica de Berlín, es recomendable comprar las entradas con antelación, tanto para los conciertos en la **Grosser Saal** (sala grande) como para la **Kammermusiksaal** (sala de música de cámara). Entre agosto y septiembre, no te pierdas el programa del Musikfest Berlin (*berlinerfestspiele.de*).

Herbert-von-Karajan-Straße 1 • *berliner-philharmoniker.de* • **030 25 48 80** • **€€-€€€€€** • S-Bahn/U-Bahn: Potsdamer Platz

El Berlín de los espías

Como en una historia de espías, este itinerario por Berlín Este te mostrará el centro del espionaje europeo durante la Guerra Fría.

❷ **Berliner Unterwelten** (ver pág. 32). **Explora el pasado oscuro y secreto del Berlín subterráneo.** Toma el S-Bahn (S8) hasta Landsberger Allee. Desde aquí, sube al tranvía (M5) en dirección a Zingster Straße hasta Freienwalder Straße. Camina hacia el sureste hasta Genslerstraße.

❶ **Memorial del Muro de Berlín** (ver págs. 32, 130-131). Sigue el trazado del Muro de Berlín y comprenderás el papel que desempeñó durante la Guerra Fría en esta ciudad dividida en dos. Camina hacia el norte por Brunnenstraße.

EL BERLÍN DE LOS ESPÍAS	DISTANCIA: 24 KM
DURACIÓN: 9 H	ESTACIÓN S-BAHN: NORDBAHNHOF

❸ Memorial Berlín-Hohenschönhausen (ver pág. 32). Escucha a los presos de la época de esta antigua prisión de la Stasi. Vuelve hacia Liebenwalder Straße. Toma un autobús (256) en dirección sur hasta Frankfurter Allee y continúa hacia el oeste.

❹ Museo de la STASI (ver pág. 33). Visita la Casa 1, la antigua sede del Ministerio para la Seguridad del Estado. Toma el U-Bahn (U5) desde Magdalenenstraße hasta Alexanderplatz y cruza la plaza.

❺ Museo de la RDA (ver pág. 33). Descubre cómo era la vida para quienes vivían en un país del bloque soviético.

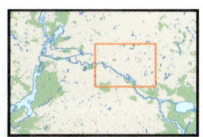

Berlín Este
Arriba, la zona en detalle

EL BERLÍN **DE LOS ESPÍAS**

VISITAS RÁPIDAS

INFORMACIÓN **TURÍSTICA**

Frente al Centro de Visitantes del Memorial del Muro de Berlín, la **estación Nordbahnhof** alberga una exposición sobre las estaciones fantasma de la época de la RDA: situadas en las líneas que conectaban el este y el oeste, fueron cerradas tras la división de la ciudad para evitar posibles fugas. Párate a leer las historias de los fugitivos asesinados por las minas de la STASI y los relatos de los pocos afortunados que lograron cruzar la frontera.

Memorial del Muro de Berlín

1 El Gedenkstätte Berliner Mauer se extiende al final de la calle Bernauer Straße. Pasa por el **Centro de Visitantes** para descubrir las exposiciones relacionadas con el memorial. En las grabaciones se describe el final de quienes intentaban huir de aquí y desde la torre panorámica se puede ver la «franja de la muerte» tal y como la veían los francotiradores.

Bernauer Straße 111 • *berliner-mauer-gedenkstaette.de* • 030 21 30 85 123 • Centro de Visitantes: cerrado lu. y 24 y 25 de diciembre • S-Bahn: Nordbahnhof

Berliner Unterwelten

2 Para experimentar la emoción de caminar bajo la ciudad, la asociación Berliner Unterwelten organiza recorridos que parten de un búnker en la estación de S-Bahn de Gesundbrunnen. El recorrido (*1 h y variable según temporada*) lleva a uno de los pocos búnkeres subterráneos que se conservan intacto desde la Segunda Guerra Mundial. Consulta la página web para organizar la visita.

Brunnenstraße 105 • *berliner-unterwelten.de* • 030 49 91 05 17 • €€€ • Cerrado 1 de enero y del 23 al 26 de diciembre • S-Bahn: Gesundbrunnen

Memorial Berlín-Hohenschönhausen

3 Para comprender lo que significaba estar en prisión bajo el dominio soviético, visita el Gedenkstätte Hohenschönhausen, una antigua prisión con aire lúgubre. La exposición permanente es gratuita, pero merece la pena realizar una visita guiada, en la que a menudo los guías son antiguos reclusos.

Genslerstraße 66 • *stiftung-hsh.de* • 030 98 60 82 30 • €€ • Cerrado 1 de enero, del 24 al 26 y 31 de diciembre • Tranvía: M5 (Freienwalder Straße)

Museo de la STASI

4 Ubicado en la antigua sede del Ministerio para la Seguridad del Estado, Stasimuseum revela la inquietante historia de una población compuesta por mitad espiados y mitad espías. Curiosea entre los artilugios y descubre las técnicas que hacían posible la vigilancia masiva.

Normannenstraße 20, Haus 1 • *stasimuseum.de* • 030 55 36 854 • €€ • Cerrado 24 y 31 de diciembre • U-Bahn: Magdalenenstraße

Museo de la RDA

5 El DDR Museum muesta cómo vivía la gente en la Alemania Oriental, respira el auténtico olor de un salón *made in RDA* y levanta el auricular del teléfono (está intervenido, por supuesto). ¿Te crees muy duro? Pues prueba un interrogatorio de la STASI.

Karl-Liebknecht-Straße 1 • *ddr-museum.de* • 030 84 71 23 730 • €€€ • S-Bahn: Hackescher Markt

En la pared fotográfica hay puertas ocultas. Se abren para revelar los secretos de la STASI.

VISITAS RÁPIDAS

5 Reichstag (ver págs. 37, 62-63). Admira la cúpula de cristal diseñada por sir Norman Foster, uno de los lugares emblemáticos de la nueva Alemania. Continúa hacia el este por Scheidemannstraße y luego hacia el norte por Heinrich-von-Gagern-Straße.

4 AXICA Kongress (ver pág. 37). El atrio de Frank Gehry te dejará sin palabras con sus espacios de varias plantas, sus cubiertas de cristal ondulado y su espléndida sala de conferencias. Dirígete hacia el norte por Ebertstraße.

6 Cancillería Federal (ver pág. 37). ¿Extravagante y desmesurada o emblema perfecto de una democracia moderna? Juzga tú mismo la nueva residencia de los cancilleres alemanes. Toma el U-Bahn (U5) desde el Bundestag hasta Alexanderplatz y, en el cruce con Grunerstraße, toma el autobús 248 y baja en la cuarta parada.

7 Museo Judío (ver págs. 37 y 148-149). ¿Cómo representar la relación entre los judíos y Alemania? Daniel Libeskind ha sabido plasmar una historia turbulenta en una arquitectura innovadora, tanto en el interior como en el exterior.

Humboldt-hafen

Hauptbahnhof

0 — 400 met
0 — 400 yardas

KAPELLE-UFER

REINHARDTST

SPREEBOGEN-PARK

Friedrich

Cancillería Federal

6

Bundestag

Haus der Kulturen der Welt

PLATZ DER REPUBLIK

5 **Reichstag**

REICHSTAGU

REGIERUNG-VIERTEL

AXICA Kongress

UNT

4 Brandenburger Tor

HEU... STRAßE

TIERGARTEN

3 **Academia de las Artes**

Mohrenst

EBERTSTRAßE

VOBSTRAßE

LEIPZIGER PLATZ

LEIPZIGER

Potsdamer Platz

KULTUR-FORUM

Potsdamer Platz

STRESEMANNSTRAßE

ANHA... ST

BERLÍN PARA LOS AMANTES DE LA ARQUITECTURA CONTEMPORÁNEA
DISTANCIA: 8 KM   DURACIÓN: 8 H   ESTACIÓN S-BAHN: HACKESCHER MARKT

Berlín para los amantes de la arquitectura contemporánea

Desde la caída del Muro, Berlín ha cambiado completamente de aspecto gracias a los arquitectos contemporáneos más importantes.

❶ **Museo Nuevo** (ver págs. 36 y 82-85). Hay una razón por la que la gente hace seis horas de cola para ver el interior recién restaurado de este museo antes de que se llenara de exposiciones. Recorre el Lustgarten y cruza el Spree por Unter den Linden.

❸ **Academia de las Artes** (ver pág. 36). No te limites a contemplar la fachada de cristal: el interior de la Academia es un espectáculo expresionista, obra de Günter Behnisch. Pasa al edificio de al lado.

❷ **Museo Histórico Alemán** (ver págs. 36 y 59). Ieoh Ming Pei ha logrado la hazaña: diseñar una nueva ala contemporánea del edificio barroco más importante de Unter den Linden. Continúa hacia el oeste hasta la Plaza de París.

Centro de Berlín
Arriba, la zona en detalle

Museo Nuevo

1 Para el Neues Museum de Berlín, la refinada intervención de David Chipperfield no oculta las heridas de la Segunda Guerra Mundial. Las vigas restauradas con esfuerzo y las paredes acribilladas conviven con imponentes espacios nuevos y puertas de madera maciza que parecen parte del edificio original. Su digna entrada es la James-Simon-Galerie, el nuevo espacio columnado que sirve de centro de servicios para la Isla de los Museos.

James-Simon-Galerie, Bodestraße • *smb.museum* • 030 26 64 24 242 • €€€ • Cerrado lu. • S-Bahn: Hackescher Markt

Museo Histórico Alemán

2 Con su superficie de vidrio y piedra caliza, la nueva ala diseñada por Ieoh Ming Pei para el Deutsches Historisches Museum contrasta con las pesadas decoraciones barrocas de la adyacente Zeughaus (armería), actualmente cerrada por una amplia remodelación.

Unter den Linden 2 • *dhm.de* • 030 20 30 40 • €€ (exposiciones temporales) • Cerrado 24 de diciembre • U-Bahn: Unter den Linden

Academia de las Artes

3 Lo poco que sobrevivió a la Segunda Guerra Mundial está ahora en la Akademie der Künste protegido por una estructura transparente, con vidrio y acero que encierran un archivo, un auditorio, oficinas, una cafetería y una recepción. Al admirar este espléndido espacio desde el interior, notarás que no es solo mérito de la ingeniería estructural.

Pariser Platz 4 • *adk.de* • 030 20 05 70 100 • Precio según las exposiciones • U-Bahn: Brandenburger Tor

AXICA Kongress: vestíbulo de varias plantas separadas por cubiertas de cristal.

AXICA Kongress

4 Tras la sobria fachada de cristal y arenisca diseñada por Frank Gehry se esconde la exuberancia de la arquitectura orgánica del edificio del DZ Bank. El atrio está dominado por la sala de conferencias, con una cubierta metálica que recuerda una cabeza de caballo.

Pariser Platz 3 • *axica.de* • 030 20 00 860 • U-Bahn: Brandenburger Tor

Reichstag

5 El Parlamento Alemásn volvió a cobrar vida en 1999 con el proyecto de Norman Foster. El edificio neoclásico original, aún marcado por la guerra y los grafitis de los rusos, está coronado por la tan discutida cúpula de cristal: una estructura futurista y de alta eficiencia, alimentada con aceite vegetal y energía geotérmica y solar.

Platz der Republik • *bundestag.de* • 030 22 73 21 52 • U-Bahn: Brandenburger Tor

Cancillería Federal

6 Inspirado en varias obras, desde las mezquitas de Isfahán hasta los edificios gubernamentales de Louis Kahn, el edificio de la Bundeskanzleramt es el proyecto de Axel Schultes y Charlotte Frank: la «cinta federal» de nuevos edificios gubernamentales a lo largo de las antiguas fronteras de la Guerra Fría para reunir simbólicamente el Berlín Oriental y el Berlín Occidental.

Willy-Brandt-Straße 1 • *bundesregierung.de* • 030 18 27 22 720 • U-Bahn: Bundestag

Museo Judío

7 Tras los horrores del siglo xx, el Jüdisches Museum ha contribuido a la reconciliación entre los judíos y Alemania. La planta en forma de rayo diseñada por Daniel Libeskind, las aberturas en lugar de ventanas, el revestimiento de zinc, los huecos excavados en el hormigón y los espacios cargados de simbolismo hacen de esta obra maestra del siglo xxi uno de los edificios más originales de Europa.

Lindenstraße 9-14 • *jmberlin.de* • 030 25 99 33 00 • €€ • Cerrado en Rosh HaShaná, Yom Kippur y 24 de diciembre. • U-Bahn: Hallesches Tor

Berlín en un fin de semana con niñc

Un día lleno de diversión con escenarios de terror, personajes famosos, botones para pulsar y mucho chocolate para comer y preparar.

VISITAS RÁPIDAS

❶ **Berlin Dungeon** (ver pág. 40). Sube al ascensor del terror y sumérgete en este emocionante recorrido. Dirígete hacia el sur por la Spandauer Straße y luego hacia el este por la Karl-Liebknecht-Straße.

❷ **Torre de la Televisión** (ver págs. 40 y 78). Disfruta de las espectaculares vistas que te ofrece el edificio más alto de Berlín. Dirígete hacia el oeste por la Karl-Liebknecht-Straße.

❸ **Museo de la RDA** (ver pág. 40). Diviértete pulsando botones en uno de los museos más interactivos de la ciudad. Toma el U-Bahn en Museumsinsel y bájate en Brandenburger Tor.

BERLÍN CON NIÑOS DÍA 1   **DISTANCIA: 5 KM**
DURACIÓN: 7 H   **ESTACIÓN S-BAHN: HACKESCHER MARKT**

❹ Madame Tussauds (ver pág. 40). Muchos personajes famosos para todos los gustos en reproducciones de cera muy realistas. Toma el U-Bahn hasta Unter den Linden.

❺ Bunte SchokoWelt (ver pág. 41). Para terminar el día, personaliza tu tableta de chocolate alemán. Llega al edificio del Bunte SchokoWelt yendo hacia el sur por Friedrichstraße y gira luego a la izquierda.

Tiergarten y alrededores
Arriba, la zona en detalle

Berlin Dungeon

1 Una aterradora y emocionante visita guiada que recorre 700 años de historia de la ciudad de Berlín, con actores de carne y hueso dispuestos a aterrorizar a un público compuesto por adultos y niños mayores de 10 años. Prepárate para dar un paseo en barca por el Spree para escapar de la peste y enfrentarte al juicio de la Dama Blanca en un laberinto que conduce a las criptas de la Catedral de Berlín junto con las brujas. Diversión asegurada si noeres débil de corazón.

Spandauer Straße 2 • *thedungeons.com/berlin* • 030 01 48 600 • €€€ • Cerrado 24 de diciembre • S-Bahn: Hackescher Markt

Torre de la Televisión

2 La Fernsehturm, con forma de cohete, fascina mucho a los niños. Un ascensor de alta velocidad recorre los 200 m hasta la cima en solo 40 segundos, y en la parte superior hay un restaurante que gira y ofrece una vista panorámica de 360° (**Sphere**; *030 24 75 75 875, €€-€€€*). Compra con antelación una entrada VIP *online* para elegir la hora en la que quieres subir.

Panoramastraße 1A • *tv-turm.de* • €€€€€ • S-Bahn/U-Bahn: Alexanderplatz

Museo de la RDA

3 En el divertido DDR Museum podrás conocer cómo era la vida en la antigua República Democrática Alemana (RDA). Los niños pueden sentarse al volante de un Trabant y arrancar el coche emblemático de Alemania Oriental. Puedes mirar lo que se preparaba en una auténtica cocina de Berlín Oriental, mientras los más pequeños juegan a ser espías con los micrófonos ocultos de la STASI. Durante el recorrido hay numerosos cajones y puertas que se pueden abrir y que te revelarán algo nuevo sobre ese modo de vida.

Karl-Liebknecht-Straße 1 • *ddr-museum.de* • 030 84 71 23 730 • €€ • U-Bahn: Rotes Rathaus

Madame Tussauds

4 En este museo cerca de la Puerta de Brandeburgo, las figuras de cera son desde personajes políticos, como Angela Merkel, hasta científicos y pensadores como Albert Einstein y Sigmund Freud, pasando por leyendas de la música como Ludwig van Beethoven. Entre las celebridades del mundo del espectáculo están Lady Gaga, los Beatles y Rihanna. En la sección temática «Ich bin ein Berliner» se recogen 100 años de la historia de Berlín a través de personajes emblemáticos: desde Marlene Dietrich hasta Nina Hagen, David Bowie y John F. Kennedy.

Unter den Linden 74 • *madametussauds.com/berlin* • 030 40 00 46 20 • €€€ • S-Bahn/U-Bahn: Brandenburger Tor

Bunte SchokoWelt

5 La tienda insignia de Ritter Sport alberga una exposición sobre la historia y la elaboración del chocolate, donde los niños pueden aprender sobre la marca de chocolate más famosa de Alemania. Además, los más pequeños pueden diseñar sus propias tabletas de chocolate y asistir a su elaboración (€€€). Se recomienda reservar con antelación.

Französische Straße 24 • *ritter-sport.de/en_GB* • 030 20 09 50 80 • U-Bahn: Unter den Linden

A los niños se les proporciona todo lo necesario para crear su propia tableta Ritter Sport.

Berlín en un fin de semana con niño

El segundo día está dedicado al descubrimiento: artilugios y animales harán felices a los más pequeños, y también a los mayores.

Hansaplatz

Bellevue

SCHLOSSPARK
BELLEVUE

Schloss
Bellevue

Siegessäule

Tiergarten

STRAßE DES 17. JUNI

Tiergarten 4

Neuer
See

GROSSER WEG

Zoologischer
Garten

HARDENBERG-
PLATZ

5 **Zoológico
de Berlín**

Zoologischer
Garten

BUDAPESTER

BREITSCHEIDPLATZ

STRAßE DES 17. JUNI

GROSSER STERNALLEE

BELLEVUEALLEE

TIERGARTENSTRAße

DIPLOMATENVIERTEL

REICHPIETSCHUFER

LÜTZOW STRAßE

KURFÜRSTENSTRAßE

AN DER
URANIA

NOLLENDORFPLATZ

Nollendorfplatz

Bülowstraße

Haus der
Kulturen
der Welt

Brandenburger
Tor

**Museo de
Instrumentos
Musicales**

3

Legoland
POTSDAMER
PLATZ

2

LEIPZIGE
PLATZ
Potsdam
Platz

Pots
Platz

Gemälde-
galerie

**KULTUR-
FORUM**

Neue National-
galerie

MARLENE
DIETRICH-
PLATZ

Mendelssohn-
Bartholdy-Park

Kurfürstenstraße

Gleisdreieck

An
Ba

1

**Museo de la
Tecnología**

5 **Zoológico de Berlín** (ver pág. 45).
Un encuentro cercano con leones y elefantes
en el zoológico más antiguo de toda
Alemania.

0		400 met
0		400 yardas

BERLÍN CON NIÑOS DÍA 2 **DISTANCIA: 5,5 KM**
DURACIÓN: 7 H **ESTACIÓN U-BAHN: MÖCKERNBRÜCKE**

❶ Museo de la Tecnología (ver pág. 44). En este museo, también te divertirás viendo a los niños enfrentarse al mundo de la ciencia y la técnica. Dirígete hacia el norte: cruza el Landwehrkanal por el puente peatonal y luego el Elise-Tilse Park. Desde Anhalter Bahnhof, toma el S-Bahn (S2) hasta Potsdamer Platz.

❷ Legoland (ver pág. 44). La enorme jirafa de Lego aparecerá poco a poco a medida que te acerques al reino de los ladrillos de colores. Gira a la derecha en Potsdamer y luego, de nuevo a la derecha, toma Ben-Gurion-Straße.

❸ Museo de Instrumentos Musicales (ver pág. 44). Cientos de instrumentos musicales, incluso los más extraños, le esperan para aprender divirtiéndote. Sal de Ben-Gurion-Straße y sigue caminando hasta adentrarte en el parque.

❹ Tiergarten (ver págs. 45 y 98-99). Entre senderos, rincones verdes y zonas de juegos, solo tienes que elegir cómo relajarte. Desde el extremo suroeste del parque, continúa por Hardenbergplatz.

Tiergarten y alrededores
Arriba, la zona en detalle

DÓNDE **COMER**

■ **BISTRO MITTE**
Un bistró con ambiente internacional que sirve pasta, hamburguesas y platos típicos de la cocina alemana.
Marlene-Dietrich-Platz 2 030 25 53 15 27, €€€

■ **HARD ROCK CAFE**
Ubicado en un edificio histórico de estilo Bauhaus, este local de la famosa cadena está a dos pasos del zoo y ofrece platos de la cocina americana y excelentes cócteles al son del rock. Disfruta de la terraza en la primera planta. **Kkurfürstendamm 224, 030 88 46 20, €€€**

Museo de la Tecnología

1 El Deutsches Technikmuseum está tan repleto de objetos, exposiciones y puestos interactivos que seducirá y despertará la curiosidad de cualquiera. Pero verlo todo es imposible: tendrás que elegir una o dos exposiciones permanentes de las diecinueve que hay, desde el transporte hasta los ordenadores, pasando por la historia del papel y los textiles. Los niños quedarán fascinados y aprenderán cómo se fabrica prácticamente todo.

Trebbiner Straße 9 • *technikmuseum.berlin* • 030 43 97 340 • €€ • Cerrado lu. • U-Bahn: Möckernbrücke

Legoland

2 Es el reino de uno de los juegos más vendidos en el mundo, que ha desatado la imaginación de millones de personas. El recorrido por Legoland te llevará entre piscinas repletas de piezas de colores, montañas rusas e incluso la fábrica donde se crean los ladrillos a partir de plástico.

Potsdamer Straße 4 • *legolanddiscoverycentre.com/berlin* • €€€€€ • S-Bahn/U-Bahn: Potsdamer Platz

Museo de Instrumentos Musicales

3 El Musikinstrumentem Museum expone alrededor de 800 piezas (de las más de 3500 que posee) y ofrece una experiencia que no subestima el aspecto lúdico. Algunas vitrinas abiertas contienen partes de mecanismos o instrumentos reales que se pueden probar (¡inténtalo con el *theremin*!), y con la aplicación MIMTreasure Hunt puedes participar en una búsqueda del tesoro. Los sábados a las 12:00 h no te pierdas el concierto del órgano Wurlitzer, un instrumento especial con teclado construido para sonorizar películas mudas, reproduce el canto de los pájaros.

Ben-Gurion-Straße • *simpk.de* • 030 25 48 11 78 • €€ • Cerrado lu. y 24 y 31 de diciembre • S-Bahn/U-Bahn: Potsdamer Platz

Tiergarten

4 El parque más grande de Berlín ofrece muchas posibilidades para los niños: zonas de juegos, bosquecillos, lagos y prados. El parque infantil más grande, en John-Foster-Dulles-Allee, cuenta con una zona de arena, columpios con neumáticos y redes para trepar. Está a unos 20 min de la parada de S-Bahn, pero merece la pena y es perfecto para hacer un pícnic.

Straße des 17. Juni • S-Bahn: Tiergarten

Zoológico de Berlín

5 Construido en 1844, el Zoologischer Garten Berlin es el zoológico más antiguo de todo el país y alberga alrededor de 1570 especies, más que cualquier otro en Europa. Si puedes, no te pierdas la hora de la comida de los monos, a las 16:00 h, el espectáculo está asegurado.

Hardenbergplatz 8 • *zoo-berlin.de* • **030 25 40 10** • €€€€ • S-Bahn/U-Bahn: Zoologischer Garten

En el Museo de la Tecnología podrás ver aviones, trenes y barcos a tamaño real.

PARTE DOS

Los barrios de Berlín

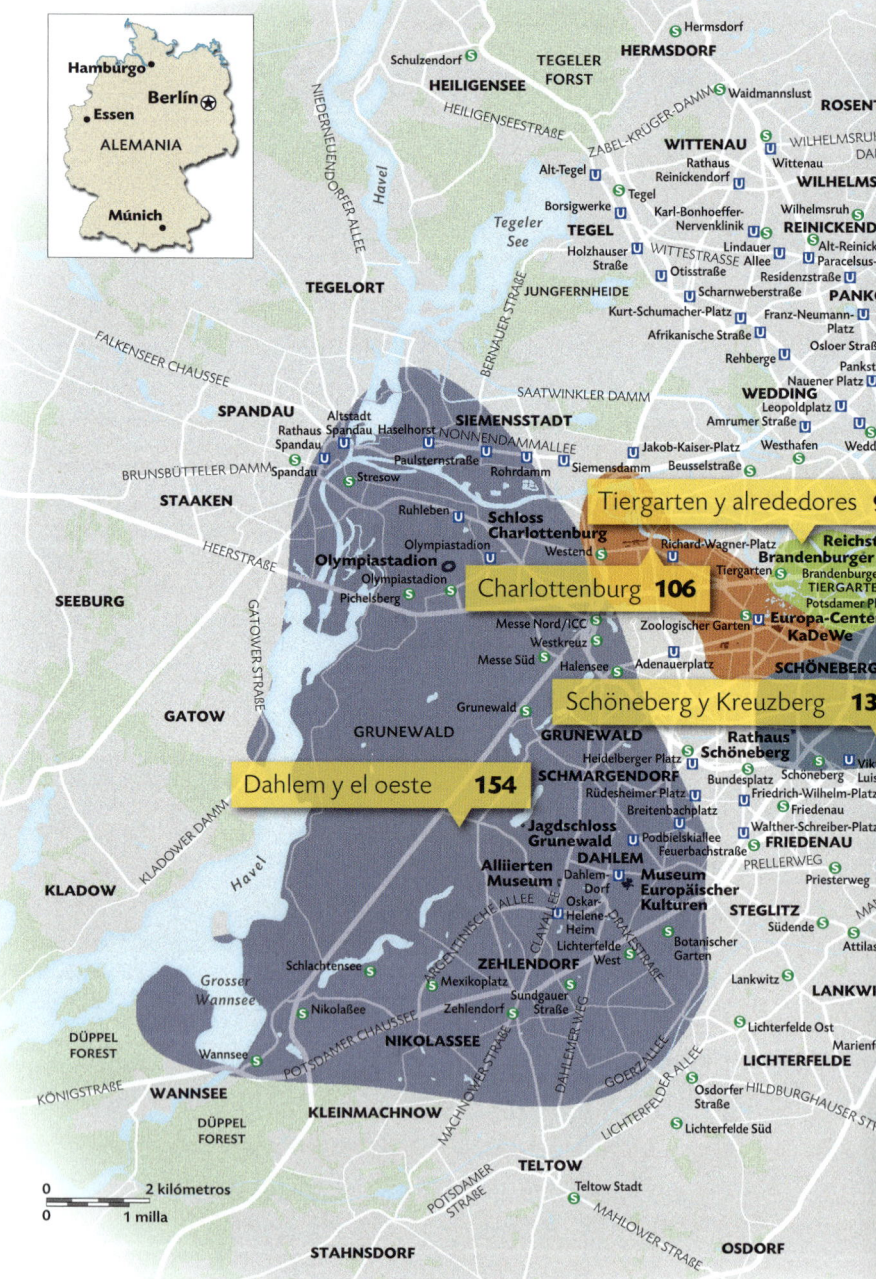

Hamburgo

Berlín

Essen

ALEMANIA

Múnich

Hermsdorf

Schulzendorf

TEGELER FORST

HERMSDORF

HEILIGENSEE

HEILIGENSEESTRAßE

Waidmannslust

ROSENT[...]

ZABEL-KRÜGER-DAMM

WITTENAU

WILHELMSRUH DAM[...]

Alt-Tegel

Rathaus Reinickendorf

Wittenau

WILHELMSR[...]

Borsigwerke

Tegel

Karl-Bonhoeffer-Nervenklinik

Wilhelmsruh

REINICKEND[...]

TEGEL

Holzhauser Straße

Lindauer Allee

Alt-Reinicke[...]

WITTESTRAßE

Paracelsus-B[...]

Otisstraße

Residenzstraße

PANKO[...]

TEGELORT

JUNGFERNHEIDE

Scharnweberstraße

Kurt-Schumacher-Platz

Franz-Neumann-Platz

FALKENSEER CHAUSSEE

Afrikanische Straße

Osloer Straße

Rehberge

Nauener Platz

Pankstr[...]

SAATWINKLER DAMM

WEDDING

Leopoldplatz

SPANDAU

Altstadt Spandau

Haselhorst

SIEMENSSTADT

Amrumer Straße

Westhafen

Weddi[...]

Rathaus Spandau

NONNENDAMMALLEE

Jakob-Kaiser-Platz

BRUNSBÜTTELER DAMM

Paulsternstraße

Rohrdamm

Siemensdamm

Beusselstraße

STAAKEN

Spandau

Stresow

Ruhleben

Schloss Charlottenburg

Richard-Wagner-Platz

Reichsta[...]

Brandenburger T[...]

HEERSTRAßE

Olympiastadion

Westend

Tiergarten

Brandenburger

TIERGARTE[...]

Olympiastadion

Olympiastadion

Pichelsberg

Charlottenburg 106

Potsdamer Pla[...]

Zoologischer Garten

Europa-Center KaDeWe

SEEBURG

Messe Nord/ICC

Westkreuz

Messe Süd

Halensee

Adenauerplatz

SCHÖNEBERG

Grunewald

Schöneberg y Kreuzberg 13[...]

GATOW

GRUNEWALD

GRUNEWALD

Rathaus Schöneberg

Heidelberger Platz

Bundesplatz

Schöneberg

Vikt[...]

SCHMARGENDORF

Rüdesheimer Platz

Friedrich-Wilhelm-Platz

Luise[...]

Breitenbachplatz

Friedenau

Dahlem y el oeste 154

Jagdschloss Grunewald

Podbielskiallee

Feuerbachstraße

FRIEDENAU

Walther-Schreiber-Platz

PRELLERWEG

Alliierten Museum

DAHLEM

Dahlem-Dorf

Museum Europäischer Kulturen

Priesterweg

Oskar-Helene-Heim

STEGLITZ

KLADOW

Lichterfelde West

Botanischer Garten

Südende

Attilas[...]

Schlachtensee

Mexikoplatz

Lankwitz

LANKWIT[...]

Nikolaßee

Zehlendorf

Sundgauer Straße

ZEHLENDORF

Grosser Wannsee

Lichterfelde Ost

Marienfe[...]

DÜPPEL FOREST

Wannsee

NIKOLASSEE

LICHTERFELDE

WANNSEE

Osdorfer Straße

HILDBURGHAUSER STR[...]

KÖNIGSTRAßE

KLEINMACHNOW

Lichterfelde Süd

DÜPPEL FOREST

TELTOW

Teltow Stadt

STAHNSDORF

OSDORF

NIEDERNEUENDORFER-ALLEE

Havel

Tegeler See

WITTESTRAßE

BERNAUER STRAßE

GATOWER STRAßE

KLADOWER DAMM

Havel

ARGENTINISCHE ALLEE

CLAYALLEE

ONKEL-GRABEN-STRAßE

POTSDAMER CHAUSSEE

MACHNOWER STRAßE

DAHLEMER WEG

GOERZALLEE

LICHTERFELDER ALLEE

POTSDAMER STRAßE

MAHLOWER STRAßE

0   2 kilómetros

0   1 milla

Los barrios de Berlín

Museumsinsel y alrededores **70**

Berlín Este **122**

den Linden **50**
dedores

Blankenburg

Pankow-Heinersdorf

HEINERSDORF
Wartenberg

Hohenschönhausen

Pankow
DARSSER
STRASSE

WEISSENSEE

Gehrenseestraße

Schönhauser
Allee
Prenzlauer
walder Allee
Straße

PRENZLAUER BERG

Kulturbrauerei

Märchenbrunnen
Storkower
Alexanderplatz
Strasse
liner Dom
FRIEDRICHSHAIN
Rotes Rathaus
Frankfurter Allee
Linden
Ostbahnhof
Magdalenenstrasse

Ostkreuz
FRIEDRICHS-
Rummelsburg
FELDE

ERG
Schöneleinstraße
enaustraße
Treptower Park
TREPTOW

instraße
Plänterwald
ße
Karl-Marx-
ER PARK
Straße
Neukölln

MPELHOF
Baumschulenweg
of
Grenzallee
dermannstraße

usta-Straße
Blaschkoallee
Schöneweide

BRITZ
Parchimer
g
Allee
JOHANNISTHAL
RINER ALLEE
Britz-Süd

RIENDORF
Johannisthaler
Chaussee
BUCKOW
Zwickauer
Damm
RUDOW
Rudow

NRADE
GROSSZIETHEN

nrade

SCHÖNEFELD

WARTENBERG

Wartenberg

FALKENBERGER CHAUSSEE

Mehrower Allee

RHINSTRASSE

Raoul-
Wallenberg-
Marzahn
Straße

Poelchaustraße

LICHTENBERG
Friedrichsfelde
Ost
Lichtenberg
Friedrichsfelde

BIESDORF
Tierpark
Biesdorf-Süd

Betriebsbahnhof
Rummelsburg
KARLSHORST

Karlshorst

PLÄNTER-
WALD

Betriebsbahnhof
Schöneweide
Oberspree
Spindlersfeld

ALTGLIENICKE

Adlershof

Grünau

Altglienicke

Grünbergallee

Flughafen BER

AHRENSFELDE

Ahrensfelde
MEHROWER

FALKENBERG
STRASSE

EICHE
MEHROW

MARZAHN
Louis-Lewin-Straße
Hönow
Hellersdorf
Cottbusser
Platz
Neue Grottkauer
Strasse
Kaulsdorf-
Nord
Birkenstein

Biesdorf
Mahlsdorf
MAHLSDORF
Wuhletal
Kaulsdorf
Elsterwerdaer Platz

KAULSDORF

MÜNCHEHOFE

KRUMMENDAMMER
HEIDE

MITTELHEIDE

Wuhlheide

Köpenick
Hirschgarten
Friedrichshagen
FRIEDRICHSHAGEN
BERLINER
STADTFORST

KÖPENICK
Grosser
Müggelsee

ADLERSHOF

GRÜNAU
BERLINER
STADTFORST
MÜGGELHEIM

BOHNSDORF

LANDSBERGER CHAUSSEE

HÖNOW

HOPPEGARTENER STRASSE

HULTSCHINER DAMM

MÜGGELSEEDAMM

MÜGGELHEIMER DAMM

Dahm

ADLERGESTELL

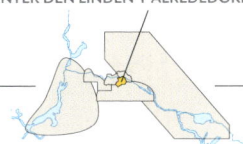

Unter den Linden y alrededores

Cuando paseas por las calles de este barrio es difícil imaginarlo en los años de la Guerra Fría, cuando la Puerta de Brandeburgo daba a un panorama desolador y el Reichstag caía en ruinas. Unter den Linden, la avenida histórica de la ciudad, terminaba su recorrido frente al Muro y durante casi treinta años no fue más que una calle sin salida. Hoy en día, esos mismos lugares son los ejes de un barrio que es el corazón palpitante de una capital europea en plena ebullición, como en los tiempos del Imperio prusiano. Si Unter den Linden y el Mercado de los Gendarmes se remontan a los siglos XVIII y XIX, Checkpoint Charlie, Bebelplatz y el Memorial del Holocausto son el legado de un pasado más reciente. Los rascacielos de Potsdamer Platz son, por su parte, el símbolo de una ciudad proyectada hacia el futuro.

◄ **La Puerta de Brandeburgo, el símbolo más famoso de Berlín, está inspirada en la entrada monumental de la Acrópolis de Atenas.**

Unter den Linden y alrededores

*Desde la grandeza prusiana hasta la nostalgia de la Guerra Fría,
los monumentos del centro histórico de Berlín revelan un pasado histórico.*

1 **Reichstag** (ver págs. 62-63). Comienza con un desayuno en el Reichstag y luego vete hacia Scheidemannstraße. Continúa hacia el este hasta Ebertstraße, donde verás aparecer la Puerta de Brandeburgo, y sigue por Pariser Platz.

2 **Plaza de París** (ver pág. 54). **Entra** en esta amplia plaza a través de la monumental Puerta de Brandeburgo. Vuelve a Ebertstraße, en dirección sur.

3 **Memorial del Holocausto** (ver pág. 55). Un monumento que irradia intensidad, en recuerdo del destino que corrieron los judíos durante el nazismo. Continúa hacia el sur por la Ebertstraße.

4 **Potsdamer Platz** (ver págs. 56-57). Admira los edificios ultramodernos de esta plaza que en su día estuvo en ruinas. Continúa hacia el sur por Stresemannstraße, luego gira en Niederkirchnerstraße, y vete hacia el este.

UNTER DEN LINDEN Y ALREDEDORES **DISTANCIA: 5,6 KM**
DURACIÓN: 10 H APROX.   **ESTACIÓN U-BAHN: BRANDENBURGER TOR**

MITTE

S Friedrichstraße
U Friedrichstraße

DOROTHEENSTRAßE

AM KUPFERGRABEN

FRIEDRICHSTRAßE
CHARLOTTENSTRAßE
ABE

LINDEN U UNTER DEN LINDEN
Unter den Linden

Nueva Guardia **8**

7 Museo Histórico Alemán

6 PalaisPopulaire

PRINZESSINNEN-GARTEN

Bebelplatz **9**

RENSTRAßE

GLINKASTRAßE

Mercado de los Gendarmes **10**

CHARLOTTENSTRAßE

Hausvogteiplatz U

MOHRENSTRAßE
Stadtmitte U

MARKGRAFEN-STRAßE

LEIPZIGER STRAßE

RAßE

FRIEDRICHSTRAßE

MAUERSTRAßE

KRAUSENSTRAßE

| 0 | 200 metros |
| 0 | 200 yardas |

Checkpoint Charlie **5**

Kochstraße U

E

10 Mercado de los Gerdarmes (ver págs. 60-61). Última parada en el animado Gendarmenmarkt, entre dos iglesias del siglo XVIII y una fantástica sala de conciertos.

9 Bebelplatz (ver pág. 60). Aunque no lo parezca, en el centro de esta tranquila plaza hay un monumento conmemorativo. Búscalo y, después, gira a la derecha por el lado sur y toma la Markgrafenstraße.

8 Nueva Guardia (ver pág. 59) Entra, admira la emocionante escultura de Käthe Kollwitz y cruza Unter den Linden.

7 Museo Histórico Alemán (ver pág. 59). Dos mil años de historia en exposición: elige lo mejor. Vuelve a Unter den Linden a la derecha, la siguiente parada está a pocos pasos.

6 PalaisPopulaire (ver pág. 58). Sumérgete en el arte y la cultura contemporáneos entre las paredes de una noble residencia para princesas prusianas. Atraviesa Unter den Linden.

5 Checkpoint Charlie (ver pág. 57). Sigue el trazado del antiguo Muro por la Niederkirchnerstraße hasta llegar al Checkpoint Charlie y al Mauermuseum. Continúa hacia el norte por la Friedrichstraße, gira a la derecha por la Leipziger Straße, luego a la izquierda por la Jerusalemer Straße y de nuevo hacia el norte hasta llegar a Unter den Linden.

UNTER DEN LINDEN Y ALREDEDORES

Para los turistas atraídos por los famosos y los personajes extravagantes, la terraza del Hotel Adlon es una visita obligada.

Reichstag

1 Ver pág. 62-63.

Platz der Republik 1 • *bundestag.de* • 030 30 22 73 21 52 • Cerrado 24 de diciembre • S-Bahn/U-Bahn: Brandenburger Tor

Plaza de París

2 Al llegar a Pariser Platz desde el oeste, pasarás por debajo de la monumental **Puerta de Brandeburgo** (Brandenburger Tor), símbolo a la vez de victoria, paz, división y unidad. Admira las seis columnas dóricas coronadas por la cuadriga con la diosa de la Victoria y luego dirígete hacia Pariser Platz. Entre los edificios restaurados que rodean esta elegante plaza están las embajadas del Reino Unido, Francia y Estados Unidos. Los amantes del arte apreciarán la **Max Liebermann Haus** (*n.º 7, stiftungbrandenburgertor. de, 030 22 63 30 16, cerrada de lu. a mi.*) antigua residencia del pintor impresionista alemán, hoy sede de exposiciones temporales organizadas por la fundación Brandenburger Tor. Fundada en 1696 y reconocible por su fachada acristalada de la **Academia de las Bellas Artes** (Akademie der Künst, ver pág. 36) acoge exposiciones relacionadas con diversas disciplinas. Si deseas escapar de las multitudes, vete al lado norte de la Puerta de Brandeburgo; aquí está la **Sala del Silencio** (Raum der Stille; *raum-der-stille-im-brandenburger-tor.de*), para aquellos que quieren reflexionar sobre la tormentosa historia de la ciudad.

Pariser Platz • S-Bahn/U-Bahn: Brandenburger Tor

UNTER DEN LINDEN Y ALREDEDORES

Memorial del Holocausto

3 Unos 2700 bloques de hormigón ocupan el enorme **Campo de las Estelas** (Stelenfeld), diseñado por Peter Eisenman para el **Monumento a los judíos asesinados de Europa** (Denkmal für die ermordeten Juden Europas). Las estelas, similares a sarcófagos, varían en altura y están colocadas en filas ordenadas sobre un suelo ondulado. Camina entre ellas siguiendo los estrechos senderos que trazan con sus paredes. Debajo del monumento hay un **Centro de Visitantes** (Ortder Information; *cerrado lu., 1 de enero, 24 al 26 y 31 de diciembre*) donde se recuerda a las víctimas judías del Holocausto: sus nombres se proyectan en las paredes y hay más de 150 entrevistas a supervivientes (con traducción al inglés).

Al otro lado de la calle, en Ebertstraße, está el **Monumento a los homosexuales perseguidos por el nazismo** (Denkmal für die im Nationalsozialismus verfolgten Homosexuellen): un cubo de hormigón en el que se proyectan en bucle imágenes de un beso entre dos hombres.

Cora-Berliner-Straße 1 • *stiftung-denkmal.de* • 030 26 39 43 36 • S-Bahn/U-Bahn: Brandenburger Tor

El Memorial del Holocausto está diseñado para provocar una sensación de desorientación.

El enorme y ecosostenible **Das Center de Potsdamer Platz es un pequeño mundo en sí mismo,** con museos, locales, restaurantes, oficinas, apartamentos y tiendas.

Potsdamer Platz

4 Considerada como una de las plazas más animadas de Europa en los años veinte, la Potsdamer Platz fue devastada por los bombardeos aliados durante la Segunda Guerra Mundial y luego arrasada para dar paso al Muro de Berlín en 1961. Pero tras la caída del Muro, gigantes como Daimler-Benz y Sony confiaron en un equipo de arquitectos de renombre internacional, liderado por Renzo Piano y Christoph Kohlbecker, para catapultar la plaza al siglo XXI. El resultado es una zona comercial en constante ebullición, famosa por sus rascacielos ultramodernos. Las oficinas de cristal y acero cromado de la **Deutsche Bahn** (*n.º 2*) y el **Hotel Ritz-Carlton** (*n.º 3*), de estilo *art déco*, están entre los 19 edificios construidos en este animado barrio. El alma de la plaza es el **Das Center** (*das-center-am-potsdamer-platz.de/en*), sede del famoso

Festival Internacional de Cine de Berlín: la **Berlinale** (ver pág. 102). La **Kollhoff-Tower** (*n.º 1*), reconocible por los ladrillos marrones en la esquina suroeste, cuenta con el ascensor más rápido de Europa (24 plantas en 20 s). Vale la pena probarlo: entre las plantas 24 y 25 hay un **Panoramapunkt** (*panoramapunkt.de, 030 25 93 70 80, €€, cerrado 24 de diciembre*), una plataforma desde la que puedes contemplar la ciudad en 360°. Y ya que estás aquí, échale un vistazo a la exposición al aire libre para descubrir en detalle la agitada historia de la plaza.

Potsdamer Platz • *potsdamerplatz.de* • S-Bahn/U-Bahn: Potsdamer Platz

Checkpoint Charlie

5 Durante la Guerra Fría, Checkpoint Charlie fue una de las fronteras más famosas entre Berlín Este y Oeste. El antiguo puesto de control, o al menos una imitación del mismo, sigue en pie junto con los «guardias» uniformados y una copia del famoso cartel con la inscripción «YOU ARE LEAVING THE AMERICAN SECTOR» (*Estás abandonando el sector americano*). Aquí encontrarás el M**useo del Muro de Checkpoint Charlie** (Mauermuseum - Museum Haus am Checkpoint Charlie; *mauermuseum.de, 030 25 37 250, €€€€*). Este espacio, que celebra la búsqueda de la libertad durante los años del Muro, es un homenaje a las ingeniosas soluciones ideadas por los berlineses del Este para huir del régimen de la RDA: globos aerostáticos, coches con doble fondo e incluso un submarino monoplaza son las piezas más destacadas de la exposición, junto con los extraordinarios relatos de algunos de los protagonistas. La exposición también presenta algunas páginas del diario de Gandhi, en homenaje a los valores de la libertad y la protesta no violenta.

INFORMACIÓN **TURÍSTICA**

Si pensabas ver el auténtico Checkpoint Charlie, te llevarás una decepción. El puesto de guardia original está expuesto en el **Alliierten Museum** de Dahlem (ver págs. 160-161), junto con otros recuerdos de la ocupación aliada.

Friedrichstraße 43-45 • U-Bahn: Kochstraße

PalaisPopulaire

6 Se presenta como un lugar de cultura interdisciplinar, la celebración de lo contemporáneo en múltiples formas y estilos. La galería se nutre de la rica colección de arte del Deutsche Bank y de colaboraciones con museos de todo el mundo, instituciones culturales y conservadores independientes. Entre sus paredes tienen cabida eventos deportivos, presentaciones, lecturas, audiciones, incluso con presencia de autores, artistas y representantes destacados del mundo de la cultura. Hay actividades educativas para niños y familias, a veces también en inglés (consulta con antelación en la página web). La exposición inaugural de la galería, en septiembre de 2019, estuvo dedicada al papel en el arte, a la que siguieron otras siempre originales y sobre diversos temas: el *rock'n roll*, el teatro-danza o el *land art*.

Unter den Linden 5 • *palaispopulaire.db.com* • 030 20 20 930 • Precio según las exposiciones • Cerrado ma. • U-Bahn: Unter den Linden

El Palacio de las princesas, en desuso durante años, es hoy la agradable sede del PalaisPopulaire.

Museo Histórico Alemán

7 El Deutsches Historisches Museum está en el edificio más antiguo de Unter den Linden, el Zeughaus, un arsenal barroco construido hace más de 300 años. La exposición permanente recorre unos 1500 años de historia alemana, nueve épocas distintas, desde la Alta Edad Media hasta la actualidad. El edificio, que cuenta con 6000 objetos expuestos, está cerrado por remodelación, pero está prevista su reapertura. El museo está trabajando en un nuevo concepto de exposición permanente en el que se condense la panorámica cronológica para que las cuestiones importantes de la historia alemana y así abordarla desde una perspectiva diacrónica y comparativa. Un anticipo puede verse en el Pei Building, una moderna estructura diseñada por el arquitecto Ieoh Ming Pei, sede de las exposiciones temporales, en las que se tratan temas dispares, desde la historia de la batalla de Leipzig de 1813 hasta retrospectivas sobre el fotoperiodismo en la RDA.

Unter den Linden 2 • *dhm.de* • 030 20 30 40 • €€ (exposiciones temporales) • Cerrado 24 de diciembre • U-Bahn: Unter den Linden

Nueva Guardia

8 El edificio «vecino» del Museo de Historia Alemana, frente a la Bebelplatz, es la Neue Wache, un edificio neoclásico de Karl Friedrich Schinkel construido para las tropas del príncipe heredero prusiano. Entra para ver una versión ampliada de la escultura *Madre con niño muerto* de Käthe Kollwitz. En los días soleados, un rayo de luz se filtra a través de un óculo abierto en el techo e ilumina esta escultura.

Unter den Linden 4 • U-Bahn: Unter den Linden

DÓNDE **COMER**

■ **CHIPPS**
Un restaurante único, *chic* y original al mismo tiempo, que combina un interior elegante con platos saludables y creativos, cocinados a la vista. Desde el desayuno hasta el aperitivo. **Markgrafenstrße 35, 030 39 87 33 37, €€**

■ **ISHIN**
Espacios acogedores para uno de los restaurantes con la mejor relación calidad-precio de la zona: uno de los pocos donde se puede degustar un buen *sushi*. **Mittelstraße 24, 030 20 67 48 29, €€**

■ **LUTTER & WEGNER**
Este restaurante, que domina Gendarmenmarkt, sirve especialidades austro-alemanas y prepara uno de los mejores *schnitzel* (escalopes) de la ciudad. Excelente carta de vinos, también disponible para quienes se detienen en el bistró adyacente. **Charlottenstraße 56, 030 20 29 54 15, €€€**

UNTER DEN LINDEN Y ALREDEDORES

Bebelplatz

9 Es una de las plazas más bonitas de Unter den Linden y es la sede del famoso teatro de la ópera, el **Staatsoper**, reinaugurado en 2017 tras siete años de obras. En el centro de la plaza apenas se ve y casi no se nota al pisarlo pero está el monumento que conmemora la quema de libros del 10 de mayo de 1933: ese día, los nazis quemaron más de 20 000 libros «degenerados», entre ellos obras de Thomas Mann, Heinrich Heine y Karl Marx. El monumento, diseñado por Micha Ullman como un espacio subterráneo acristalado, es una «Leere Bibliothek», una biblioteca vacía, con estanterías suficientes para contener todos los libros quemados. Junto a ella, una placa colocada en el suelo reproduce un verso de Heinrich Heine que puede traducirse así: «Donde se queman los libros, se acaba quemando también a los hombres». Si visitas la plaza en verano, puedes asistir a un concierto gratuito al aire libre de la **Staatsoperfür alle,** una iniciativa organizada por la compañía estatal en junio (*a partir de las 12:00 h, más detalles en su página web; staatsoper-berlin.de*). Más de 30 000 espectadores acuden a esta «ópera para todos».

Bebelplatz • U-Bahn: Hausvogteiplatz

Mercado de los Gendarmes

10 Dos iglesias casi idénticas del siglo XVIII se enfrentan en lados opuestos en esta animada plaza, la **Gendarmenmarkt**.

UNA **CURIOSIDAD**

Dependiendo de con quién hables, en Berlín, el término *Mitte* (centro) se refiere a la zona de moda al sur de Torstraße (antes conocida como Spandauer Vorstadt) o a una zona más amplia que incluye Alexanderplatz y la Isla de los Museos. El distrito administrativo Mitte también incluye Tiergarten y Wedding.

La **Französischer Dom**, construida para la comunidad hugonota francesa de la ciudad, alberga ahora el **Museo de los Hugonotes**, (Hugenottenmuseum, *030 20 61 64 941, €, cerrado lu.*). Para llegar al mirador de la iglesia (*franzoesischer-dom.berlin/en*), tendrás que subir 294 escalones, pero serás recompensado con una vista espectacular. Si te interesa la política,

Mercado de los Gendarmes: la Konzerthaus de Schinkel (a la izquierda) y la Französischer Dom (a la derecha) son un elegante telón de fondo a las conversaciones de los visitantes.

dirígete al **Deutscher Dom** (*030 22 73 04 31, cerrado lu.*) cinco plantas donde se ilustra la historia de los parlamentos alemanes. En medio de las dos iglesias está la **Konzerthaus** (*konzerthaus.de, 030 20 30 92 333*), construida en 1821 según el proyecto del arquitecto real Karl Friedrich Schinkel. Es la sede de la Orquesta sinfónica de Berlín y está considerada una de las mejores salas de conciertos de la ciudad. Cuatro salas decoradas al estilo de la época, acogen más de 500 conciertos al año; para consultar la programación, visita su página web. En la entrada, admira el **Monumento a Schiller**, que rinde homenaje al líder del movimiento alemán de finales del siglo XVIII conocido por el *Sturm und Drang* (tormenta e ímpetu). Las cuatro figuras alegóricas a sus pies representan las disciplinas a las que se dedicaba: historia, poesía lírica, filosofía y tragedia.

Gendarmenmarkt • U-Bahn: Hausvogteiplatz

El Reichstag

*El Palacio del Parlamento Alemán es el buque insignia
de la renovada Berlín del siglo xxi.*

**La escultura de espejos en el centro de la cúpula refleja la luz en las salas parlamentarias
situadas debajo.**

Incendiado, devastado por los bombardeos aliados durante la Segunda Guerra

Mundial, ignorado durante décadas tanto por los nazis como por la RDA

(ambos regímenes establecieron sus parlamentos en otros lugares), el Palacio

del Reichstag, sede del Parlamento Alemán, ha vivido días difíciles. Durante la

restauración posterior a la reunificación, el arquitecto británico sir Norman

Foster añadió al edificio la famosa cúpula de cristal: una institución del *skyline*

de Berlín que se ha convertido en un símbolo de transparencia y progreso.

■ Lo antiguo se une a lo nuevo

El Reichstag forma parte del barrio gubernamental, el **Regierungsviertel**: una serie de edificios en los que las líneas modernas y el uso masivo del vidrio reflejan la apertura y la transparencia de las nuevas instituciones. Cuando llegues, observa la imponente fachada neobarroca y busca la inscripción de 1916: *Dem Deutschen Volke* (al pueblo alemán), además de los agujeros de bala que se conservan según una precisa filosofía de restauración: «Lo antiguo se encuentra con lo nuevo». Una vez dentro, admira el equilibrio entre la arquitectura de cristal y acero, las imponentes columnas griegas y los «grafitis conmemorativos» garabateados en las paredes por los soldados soviéticos tras la batalla de Berlín en 1945, que nunca se han borrado.

■ Desayuno en la cúpula

El Reichstag es el único parlamento del mundo con un restaurante abierto al público. Reserva con antelación para comer en la azotea, en el Käfer (*030 22 79 220, €€€*). Prueba el desayuno y luego relájate contemplando las vistas.

■ Visitar la cúpula

En el interior, la cúpula está dominada por una escultura de luz de forma cónica, cubierta de espejos. Alrededor de su base se puede leer un breve resumen de la historia del edificio y, si miras hacia abajo, verás las salas parlamentarias: la cúpula se encuentra justo encima de ellas. Visítala con audioguía gratuita y sube por la rampa de 230 m que envuelve con elegancia el interior de la cúpula de cristal. Activada por sensores de proximidad, va señalando los numerosos lugares históricos visibles en el exterior y describe en 20 min la dramática historia del edificio, incluido el periodo en el que fue completamente envuelto por una instalación de polipropileno de Christo (1995). Una vez en la cima, podrás disfrutar de una vista panorámica de 360 º de la ciudad.

Platz der Republik 1 • bundestag.de • 030 22 73 21 52 • Cerrado 24 de diciembre • S-Bahn/U-Bahn: Brandenburger Tor

Los fabulosos años veinte

El Berlín de los años veinte era moderno y lleno de vida, acogía a artistas y escritores y era conocido por su alocada vida nocturna: películas y musicales como *El ángel azul* y *Cabaret* inmortalizaron sus bares y espectáculos. Con la masacre de la Gran Guerra a sus espaldas y los horrores de la Segunda Guerra Mundial a punto de estallar, ese periodo se recuerda con cariño.

La escena en un café berlinés retratada por M. Friedlaender ejemplifica el ambiente de la ciudad en los años veinte. En la página siguiente: Marlene Dietrich en el papel de Lola Lola en la película *Der blaue Engel* (*El ángel azul*).

En noviembre de 1918, la Primera Guerra Mundial había terminado, el káiser había abdicado y se respiraba un aire revolucionario. Se había proclamado la república y se libraba una lucha por el poder. Las elecciones celebradas a principios de 1919 dieron la victoria a los socialdemócratas de Friedrich Ebert y el Gobierno huyó del torbellino político berlinés en busca de un poco de tranquilidad, que encontró en Weimar. La nueva Constitución de Weimar, de agosto de 1919, estaba llena de esperanza, optimismo y promesas de igualdad, pero exageraba el idealismo: el desempleo, la pobreza generalizada y la inflación descontrolada eran la realidad de aquellos días convulsos, marcados por revueltas, huelgas y enfrentamientos entre nazis y comunistas. El clima siguió siendo turbulento: en catorce años hubo diecisiete cambios de gobierno con trece cancilleres diferentes. En Berlín, en cambio, se respiraba aire de libertad, tanto en la sociedad como en las artes. Llegaban personas jóvenes, liberadas de la censura, que podían explorar nuevos caminos. Entre ellas, la bailarina Anita Berber, una estrella en auge del cabaré, que alquiló varias habitaciones en el Hotel Adlon de Pariser Platz. Después de las actuaciones, se dirigía a los hoteles de cinco estrellas de Unter den Linden con un abrigo de marta cibelina hasta los tobillos y le pedía al *maître* que guardara el abrigo en el guardarropa: lástima que no llevara nada debajo.

Venid al cabaré

El cabaré reunió a muchos artistas con el éxito de autores, compositores e intérpretes; entre ellos, la cantante abiertamente lesbiana Claire Waldoff, de modales rudos y con un repertorio de 300 canciones, así como Margo Lion y una joven

MARLENE **DIETRICH**

Nacida en el barrio berlinés de Schöneberg, Marlene Dietrich comenzó su carrera como corista y debutó en los escenarios en 1922. Su papel protagonista en *Der blaue Engel* (*El ángel azul*), la primera gran película sonora alemana, la consagró como estrella internacional. En aquella época, los productores y directores de Hollywood abarrotaban los estudios cinematográficos de la UFA, en Berlín, donde se experimentaba con las técnicas más innovadoras. Uno de ellos, Josef von Sternberg, convenció a Marlene para que se trasladara con él a Hollywood.

**Christopher Isherwood (arriba, a la izquierda) se mudó a Berlín a finales de los años veinte, atraído por la descripción de la ciudad que le hacía en sus cartas un compañero de colegio, el poeta W. H. Auden (arriba, a la derecha), que había vivido en Berlín durante ocho meses.
En la otra página: Portada de la revista** *Lustige Blätter*.

Marlene Dietrich. Su provocativa canción *Wenn die beste Freundin* («Cuando mi mejor amiga») triunfó. En los clubes se podía admirar a Trude Hesterberg, Kate Kühl o el extravagante Wilhelm Bendow. En 1925, Conrad Veidt, que pasó los primeros años de la década trabajando en el Ku'damm disfrazado de chica, se convirtió en uno de los actores mejor pagados del cine alemán.

La vida nocturna de Berlín atraía a artistas, escritores y actores de toda Europa, como Erich Kästner, Klaus y Erika Mann, Jean Cocteau, André Gide, Ernest Hemingway. Josephine Baker llegó de París en 1925 y llevó *La Revue Negre* al Theater des Westens; su éxito fue sensacional y se dijo que, después de verla, las mujeres de Berlín ya no fueron las mismas.

La ciudad de las mujeres

Berlín era, en efecto, una ciudad de mujeres. La Gran Guerra había arrasado con una generación de hombres y la mano de obra femenina era muy solicitada. Las mujeres trabajadoras disfrutaban de una libertad económica y personal sin precedentes, tenían casa, cuenta bancaria, independencia y ropa barata gracias a los grandes almacenes.

Escritores y artistas

Bertolt Brecht vivía en Schöneberg, donde escribió los textos de *La ópera de los tres centavos* con música de Kurt Weill. En marzo de 1929 llegó a la ciudad un joven escritor británico, Christopher Isherwood: vivía en la Nollendorfstraße y anotaba en un diario su vida cotidiana. De esos diarios surgirían dos novelas,

El señor Norris cambia de tren y *Adiós a Berlín*; esta última inspiraría el musical *Cabaret,* que dio a conocer al mundo a Sally Bowles, una cantante embriagada por el Berlín de la República de Weimar (interpretada en la gran pantalla en 1973 por Liza Minnelli).

El advenimiento de la oscuridad

En Berlín, la única constante era el cambio. Una sucesión de gobiernos fallidos favoreció el auge de la extrema derecha y, mientras los bancos caían en ruina y el desempleo crecía, en 1932 se celebraron cinco elecciones políticas. El contexto social cambiante y la famosa vida nocturna berlinesa fue objeto de ataques. Los clubes, bares y cabarés fueron devastados y los locales que sobrevivieron vieron reducidos sus horarios de apertura. A finales de enero de 1933, el presidente Paul von Hindenburg nombró canciller a Adolf Hitler. Con los nazis en el poder, la República de Weimar había llegado a su fin.

LA VERDADERA
WEIMAR

Para artistas como George Grosz y Otto Dix, la brutal realidad de la posguerra en la República de Weimar era demasiado evidente. En muchas de sus obras, la vida berlinesa se pinta como sórdida y desoladora. En los cuadros de Grosz, hombres de negocios gordos como gatos bien alimentados y mujeres semidesnudas deambulan por calles peligrosas, mientras que el *Retrato de la bailarina Anita Berber* de Dix (1925) se ha convertido en un icono de la época: la bailarina, en pose, muestra unos labios tan rojos como el vestido que lleva.

El *brunch*

A muchos berlineses les encanta salir y dormir hasta tarde los fines de semana, por lo que el *brunch* ocupa un lugar especial. Prácticamente todos los barrios cuentan con una buena selección de locales; la oferta abarca desde platos típicos alemanes hasta abundantes bufés rusos, italianos o mediterráneos.

■ EINSTEIN UNTER DEN LINDEN
Inaugurada en 1996 por el director, actor y galerista Gerald Uhlig, esta cafetería es una de las más famosas de Berlín, lugar de encuentro de políticos, periodistas y personalidades importantes. Ofrece platos típicos vieneses, como el Wiener Schnitzel (escalope a la vienesa) o el *strudel* de manzana. Junto a la cafetería hay una galería donde se celebran exposiciones fotográficas.

Unter den Linden 42 • *einstein-udl.com* • 030 20 43 632 • €€ • U-Bahn: Unter den Linden

■ HOUSE OF SMALL WONDER
Esta cafetería está en un edificio histórico de ladrillo rojo donde se ubicaba la escuela judía para niñas, construida en 1927. Sirve desayunos, *brunch* y almuerzos con cruasán, pasteles y pan casero. Los platos principales combinan la cocina japonesa y americana, con especialidades como el Okinawan Taco Rice, el Udon Carbonara, los huevos escalfados y los *muffins* ingleses. ¡Los cócteles de la hora feliz también son excelentes!

Auguststraße 11-13 • *houseofsmallwonder.de* • €€
• S-Bahn: Oranienburger Straße

■ CAFÉ IM LITERATURHAUS
Situado en Charlottenburg, en una villa de principios del siglo XX rodeada por la vegetación de un parque público, este café-restaurante ofrece un refinado menú para el desayuno y el almuerzo. La ubicación es una de las más agradables de la zona, con su exuberante jardín y su sugerente solárium: un auténtico oasis en la ciudad.

Thüringerallee 5-11 • *cafe-im-literaturhaus.de* • 030 88 25 414 • € • U-Bahn: Uhlandstraße

El lago Engelbecken y la iglesia Sankt-Michael-Kirche, entre los barrios de Mitte y Kreuzberg.

■ PASTERNAK

En una verde plaza del este de Berlín, este pintoresco local ofrece todos los domingos el mejor *brunch* ruso de toda la ciudad. A partir de las 09:00 h, las mesas se llenan de *blinis*, huevos de codorniz, caviar y salmón, y postres.

Knaackstraße 22/24 • *restaurant-pasternak.de* • 030 44 13 399 • € • U-Bahn: Senefelderplatz

■ CAFÉ AM ENGELBECKEN

Relájate a orillas del estanque artificial Engelbecken, rodeado de vegetación, situado entre Mitte y Kreuzberg, donde desayunar, tomar un *brunch* o incluso un cóctel. También puedes alquilar una barca de remos para dar un romántico paseo por el lago.

Michaelkirchpl. 25 • *cafe-am-engelbecken.de* • 030 69 59 67 93 • €€ • U-Bahn: Heinrich-Heine-Straße

■ CAFÉ MORGENLAND

Esta cafetería de Kreuzberg es todo un referente para el *brunch* de los fines de semana. Su amplia carta incluye verduras rellenas y deliciosas ensaladas de Oriente Medio y Turquía, albóndigas, huevos, pan recién horneado, salsas caseras y tortitas.

Skalitzer Straße 35 • *morgenland-berlin-de* . *webnode.com* • 03061 13 291 • € • U-Bahn: Görlitzer Bahnhof

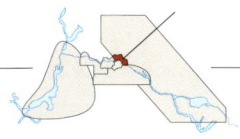

Museumsinsel y alrededores

Rodeada por las aguas del río Spree al este y del Spreekanal al oeste, la Museumsinsel (Isla de los Museos) es un concentrado de cultura, compuesto por arquitectura neoclásica y cinco extraordinarios museos. Sus colecciones abarcan un período de más de 2000 años e incluyen maravillas como el *Altar de Pérgamo*, de la antigua Grecia, y el *busto de Nefertiti*, la reina egipcia que vivió en el siglo XIV a.C. Enfrente, donde antes se alzaba el castillo, hoy está el Humboldt Forum, un lugar excepcional dedicado a la cultura. A poca distancia se encuentra Alexanderplatz, con un encanto diferente: una plaza enorme azotada por el viento y flanqueada por altos edificios, y dominada por la Torre de la Televisión, símbolo de la ostentación soviética de los años sesenta. Entre la Museumsinsel y Alexanderplatz está Nikolaiviertel, el verdadero centro histórico de Berlín, un pequeño barrio para pasear por sus callejuelas y soportales.

◐ **El Museo Bode se ubica en el extremo norte de la Isla de los Museos, donde se unen el Spree y el Spreekanal.**

MUSEUMSINSEL Y ALREDEDORES

Museumsinsel y alrededores

Un recorrido repleto de cultura, con cinco de los mejores museos de Berlín y unas vistas espectaculares de la ciudad desde las alturas.

0 200 metros
0 200 yardas
TORSTRAßE
LINIENSTRAßE
AUGU
SCHEUNENVIERTEL
ORANIENBURGER STRAßE
Oranienburger Tor
Oranienburger Straße
TUCHOLSKY-STRAßE
FRIEDRICHSTRAßE
ZIEGELSTRAßE
MONBIJOUPARK
Museumsinsel
MITTE
Bode-Museum
Nationalgale
Museo de Pégamo
1
2
Friedrichstraße
Museo Nuevo
Altes Museum
LUSTGART
UNIVERSITÄTSSTRAßE
CHARLOTTENSTRAßE
OBERWALLSTRAßE
UNTER DEN LINDEN
Unter den Linden
BEHRENSTRAßE
FRANZÖSISCHE STRAßE

❶ **Museo de Pérgamo** (ver págs. 74-75). A la espera de la reapertura del museo dedicado a la historia antigua, puedes visitar la exposición multimedia que muestra algunos tesoros de las civilizaciones de Oriente Medio.

❷ **Museo Nuevo** (ver págs. 82-85). Además de las obras, también es espléndida su arquitectura. Disfruta un poco del parque que hay enfrente antes de continuar por Am Lustgarten.

❸ **Catedral de Berlín** (ver pág. 76). Para disfrutar de una vista espectacular de la ciudad, sube a la cúpula de la catedral. Desde Lustgarten, cruza la Bundestraße.

❹ **Foro Humboldt** (ver pág. 77) Déjate sorprender por las líneas rigurosas y la exuberancia barroca que dialogan en el vestíbulo antes de visitar las exposiciones. Dirígete hacia el este, a través del Marx-Engels-Forum.

❺ **Alexanderplatz** (ver págs. 77-78) Todavía se respira el ambiente de acero en esta histórica plaza, símbolo de la antigua RDA. Continúa hacia el sur.

MUSEUMSINSEL Y ALREDEDORES **DISTANCIA: 4,5 KM**
DURACIÓN: 10 H AROX. **ESTACIÓN S-BAHN: HACKESCHER MARKT**

⑩ Hackesche Höfe (ver pág. 80). Los patios se han restaurado con soluciones *art nouveau* y ahora albergan galerías de arte, restaurantes, teatros y mucho más.

⑨ Haus Schwarzenberg (ver pág. 80). El ambiente del patio es típico de la posguerra, pero la energía que se respira es realmente intensa. Hackesche Höfe está justo al lado.

⑧ Museo Zille (ver pág. 80). Quién sabe si las historias y caricaturas de Heinrich Zille no te arrancarán una sonrisa. Vuelve a Alexanderplatz y toma Spandauer Straße en dirección Rosenthaler Straße.

⑦ Museo Knoblauchhaus (ver pág. 79). Una casa-museo entre las residencias más bellas de Berlín y símbolo de la época Biedermeier. Continúa por Poststraße y luego hacia el sur por Propstraße.

⑥ Nikolaikirche (ver págs. 77-78). Una joya en el encantador barrio del Nikolaiviertel. Dirígete hacia el lado sur de Nikolaikirchplatz.

MUSEUMSINSEL Y ALREDEDORES

Museo de Pérgamo

1 El Pergamonmuseum es uno de los museos más visitados de Berlín, con sus tres colecciones: **Antikensammlung** (Colección de antigüedades), **Museumfür Islamische Kunst** (Museo de Arte Islámico) y **Vorderasiatisches Museum** (Museo del Oriente Próximo), distribuidas en otros tantos pisos. Actualmente, el museo está cerrado por una remodelación completa del edificio y volverá a abrir sus puertas en 2027. Mientras tanto, puedes admirar la exposición multimedia «Pergamonmuseum. Das Panorama» sobre la antigua ciudad de Pérgamo, concebida por el artista y arquitecto Yadegar Asisi. Incluye ochenta de las obras originales de la *Antikensammlung*, la colección de antigüedades griegas y romanas, entre ellas la parte más grande del friso de *Télefo del Altar de Pérgamo*, la principal atracción del museo. Con motivo de la exposición, los originales se sometieron a una amplia restauración.

La nueva estructura que alberga la exposición sobre la ciudad de Pérgamo.

Aquí se exponen las esculturas más famosas, entre ellas la llamada *Bella cabeza*, la cabeza gigante de Heracles.

Parte de la colección de la **Antikensammlung** se expone en el Neues Museum (ver pág. 84) y en el Altes Museum: esculturas, mosaicos, vasijas y elementos arquitectónicos que datan de la época helénica.

Sin embargo, tendrás que esperar a la reapertura del museo en 2027 para admirar las demás obras maestras: la *Puerta del Mercado de Mileto*, una estructura de mármol que data del siglo ɪɪ d. C., de unos 30 m de ancho, cuyos frisos están decorados con cabezas de toro y composiciones florales; la *Puerta de Ishtar*, de 14 m de altura y 30 m de anchura, que en su día fue la octava puerta de entrada a la ciudad interior de Babilonia, que data aproximadamente del 575 a. C.; la *fachada del Palacio de Mushatta*, cuyos restos se encuentran al sur de Ammán, en Jordania, y la impresionante *Sala de Alepo*, formada por paneles de madera pintados.

Am Kupfergraben 2 • *smb.museum* • 030 26 64 24 242 • €€€ • Cerrado lu. y 24 de diciembre. • S-Bahn: Hackescher Markt

Museo Nuevo

2 Ver págs. 82-85.

James-Simon-Galerie, Bodestraße • *smb.museum* • 030 26 64 24 242 • €€€ • Cerrado lu. y 24 de diciembre • S-Bahn: Hackescher Markt

INFORMACIÓN TURÍSTICA

La entrada a los museos de la Museumsinsel es gratuita para aquellos que posean la **Berlin WelcomeCard** con un suplemento específico o el **Museum Pass Berlin** (ver pág. 175). Puedes comprar las entradas para los museos individuales *online* y elegir la franja horaria de entrada. Actualmente se están llevando a cabo algunas obras de renovación, consulta la página web oficial para obtener la información actualizada. Ahora es aún más fácil llegar, gracias a la nueva parada de metro Museumsinsel (U5), inaugurada en 2021.

Los museos de **Museumsinsel** comparten página web, número de teléfono y al menos un día de cierre semanal (*smb. museum, 030 26 64 24 242, cerrado lu., 24 y 31 de diciembre*). Además del **Museo de Pérgamo** y el **Museo Nuevo**, también están, entre otros: la **Antigua Galería Nacional** (*Bodestraße*, €€€), con una de las mejores colecciones de arte del siglo xɪx del país; el **Museo Antiguo** (*Am Lustgarten*, €€€), con una espectacular sala circular y objetos de la época griega, romana y etrusca; y el **Museo Bode** (*Am Kupfergraben*, €€€), con obras y objetos de la época bizantina y medieval.

Catedral de Berlín

3 Inspirada en la Basílica de San Pedro del Vaticano, la Berliner Dom, el mayor lugar de culto protestante de la ciudad, tiene una fachada exterior rica en decoraciones, entre escaleras de granito y portales esculpidos, que recuerdan los estilos renacentista y barroco. El interior no es menos majestuoso: la bóveda de la cúpula, de 70 m de altura, hace que todos levanten la vista. Si sigues las indicaciones *Zur Kuppel* («A la cúpula») podrás subir los 270 escalones que te llevarán a la cima, y poder admirar de cerca los mosaicos con las bienaventuranzas del «discurso de la montaña» (500 000 piezas), además de disfrutar de una vista panorámica. La nave está ricamente decorada: en los pilares están representados los cuatro reformadores protestantes más importantes (Lutero, Melantón, Zwinglio y Calvino), hay relieves con episodios de la vida de los apóstoles y el coro alberga el altar realizado por el arquitecto prusiano Friedrich August Stüler, vidrieras de colores y un púlpito de madera de roble. El **órgano Sauer** data de 1905 y es el más grande del mundo que se conserva en su estado original: escucharlo es un privilegio, infórmate sobre los conciertos programados o compra un CD. En la **Capilla del Bautismo y del Matrimonio** hay un pequeño museo sobre la construcción de la catedral. En la cripta, actualmente cerrada por reformas, se conservan tumbas que datan de hace 500 años, entre ellas los sarcófagos del káiser Federico I de Prusia (fallecido en 1713) y de su esposa Sofía.

En el exterior te espera el **Jardín de los Placeres** (Lustgarten), que en su día fue el huerto de la familia real que residía en el **Palacio Real** (Berliner Schloss; ver pág. 119).

Am Lustgarten • berlinerdom.de • 030 20 26 91 36 • €€ • S-Bahn: Hackescher Markt

---

DÓNDE **COMER**

■ **CAFÉ OLIV**
Moderno y espacioso, ofrece sándwiches, sopas y pasteles horneados con ingredientes de origen local. **Münzstraße 8, 030 89 20 65 40, €**

■ **ZUR LETZTEN INSTANZ**
Fundado en 1621, es el restaurante más antiguo y quizás el más acogedor de Berlín. Entre sus platos, especialidades tradicionales como *zampone* a la parrilla y *Buletten* (albóndigas). **Waisenstraße 14-16, 030 24 25 528, €€€**

■ **ZUM NUSSBAUM**
Reproducción de uno de los *pubs* más antiguos de la ciudad, un local con pequeñas salas de madera. Entre sus platos están abundantes *schnitzel* (escalope), *bockwurst* (salchicha) y ensaladas de patata. **Am Nussbaum 3, 030 24 23 095, €€**

MUSEUMSINSEL Y ALREDEDORES

Foro Humboldt

4 La combinación de lo antiguo y lo contemporáneo y la «conexión de las diferencias» fueron las directrices del Humboldt Forum. Así lo atestiguan las elecciones estilísticas del arquitecto italiano Franco Stella, un himno a las culturas del pasado y su diálogo con el presente. Las fachadas norte, sur y oeste son una fiel reconstrucción de las del castillo barroco de Berlín, bombardeado durante la Segunda Guerra Mundial, mientras que la fachada que da al Spree es una reinterpretación contemporánea. Sus colecciones cuentan con unos **500 000 objetos etnográficos, arqueológicos e histórico-culturales** procedentes de África, Asia, América y Oceanía. Entre los más admirados están: las embarcaciones de Oceanía; los instrumentos musicales de la colección africana; las cerámicas y manuscritos iluminados de la colección islámica; las plumas y máscaras de la Amazonia; y los extraordinarios trajes del teatro chino. El museo no rehúye del colonialismo y ha puesto en marcha un programa de restitución de los objetos obtenidos de forma ilegítima, junto con la adquisición legítima de nuevos hallazgos.

El Weltzeituhr de Alexanderplatz muestra la hora en las principales ciudades del mundo.

Schlossplatz 1• *humboldtforum.org* • 030 99 211 89 89 • Precio según las exposiciones • Cerrado ma. • S-Bahn: Hackescher Markt

Alexanderplatz

5 A solo 1 km de la Isla de los Museos, pero que en términos arquitectónicos y de ambiente está a años luz, se encuentra esta plaza, conocida como «Alex» por los berlineses, que es uno de los lugares históricos de la ciudad, centro neurálgico de la vida en la

UNA **CURIOSIDAD**

Durante los años de la RDA, **Nikolaiviertel**, el centro histórico de Berlín, fue objeto de una profunda remodelación. El pequeño barrio fue reconstruido en 1987, para celebrar los 750 años de la ciudad, aplicando soluciones estéticas y arquitectónicas de estilo medieval, pero utilizando estructuras modulares típicas de los edificios de Alemania Oriental.

época de la RDA, y está rodeada de *Plattenbauten*, altos edificios residenciales típicos del urbanismo de estilo soviético, donde hay todo tipo de negocios, desde periódicos hasta discotecas. Algunas de las estructuras originales de esa época se han convertido en símbolos: el imponente **Park Inn Hotel (n.º 7)**, los grandes almacenes **Galeria Kaufhof (n.º 9)** y la **Brunnen der Völkerfreundschaft** (una fuente de la amistad), todos ellos en la esquina noroeste, y, al otro lado de la plaza, el **Weltzeituhr** (un reloj mundial), que actualmente son lugares de encuentro. Un poco más al sur se alza el verdadero símbolo: la Torre de la Televisión (*Panoramastraße 1A, tv-turm.de, 030 24 75 75 875, €€€€*): con 365 m de altura, donde hay un restaurante giratorio que ofrece las vistas más emocionantes de Berlín. Si quieres desconectar del ambiente y la arquitectura socialista, visita la **Marienkirche** (*Karl-Liebknecht-Straße 8, marienkirche-berlin.de, 030 24 75 95 10*), la Iglesia de la Virgen María del siglo XIII. Ubicada junto a la Torre de la Televisión, en su interior se puede admirar la *Totentanz* (*Danza de la Muerte*): un fresco de 22 m de largo del siglo XV.

Entre Karl-Liebknecht-Straße y Rathausstraße • S-Bahn/U-Bahn: Alexanderplatz

Nikolaikirche

6 San Nicolás es una iglesia gótica situada en el corazón del **Nikolaiviertel**, el pequeño casco antiguo de Berlín reconstruido en estilo medieval. El edificio religioso, el más antiguo de la ciudad, se construyó entre 1220 y 1230, pero sufrió graves daños durante la Segunda Guerra Mundial. Ya no se utiliza para celebraciones, sino que es un museo que ocasionalmente acoge conciertos. La restauración realizada en los años ochenta fue magistral, como se puede apreciar cuando visitas la iglesia y observas su exterior, pero para conocer mejor su historia pasea por la amplia nave y el deambulatorio, donde hay una exposición permanente sobre sus 800 años de historia, con paneles interactivos. Entre las partes de la iglesia que se salvaron de los bombardeos hay una pila bautismal del siglo XIV y un púlpito del siglo XVIII. La cripta alberga una colección de monedas, medallones y obras gráficas que se perdieron durante la guerra y se recuperaron en los años 90.

Nikolaikirchplatz 1 • *stadtmuseum.de* • 030 24 00 21 62 • €€ • U-Bahn: Klosterstraße

Museo Knoblauchhaus

7 Cuando visites Museum Knoblauchhaus, esta antigua residencia privada, viajarás casi dos siglos atrás, a época Biedermeier, a principios del siglo XIX. Los Knoblauch formaban parte de la élite urbana emergente que contribuyó a definir ese estilo de decoración y establecieron aquí la sede de sus actividades comerciales, relacionadas con la industria de la seda. Los muebles y objetos de las tres plantas de la casa, construida en 1760 en estilo barroco, son casi todos originales, algo poco habitual en Berlín: platería, candelabros, incluso un piano, además de imágenes y documentos que dan testimonio de la vida acomodada y exclusiva que llevaban los miembros de la familia. Puedes visitar la residencia por tu cuenta, pero para apreciar el impacto del Biedermeier en la sociedad alemana, es recomendable reservar una visita guiada (en inglés o alemán): dura 1 h y el precio es a voluntad.

Heinrich Zille supo captar con maestría los estereotipos extendidos en la sociedad berlinesa.

Poststraße 23 • *stadtmuseum.de/ knoblauchhaus* • 030 24 00 21 62 • Cerrado lu. • U-Bahn: Klosterstraße

Museo Zille

8 La estatua del hombre barbudo cerca de la entrada de Zille-Museum, esta pequeña casa está dedicada a Heinrich Zille, querido cronista de la vida berlinesa entre finales del siglo XIX y los años de la República de Weimar. Descritas por el periodista Kurt Tucholsky como «la encarnación más pura de Berlín», las obras de Zille tenían como protagonistas a los más pobres en su lucha diaria. En la exposición permanente hay muchas obras originales, entre ellas sus famosos dibujos de «**Los niños de la calle**» y algunos cuadros de prostitutas locales. En la tienda encontrarás colgantes, postales y libros inspirados en su arte. Después, dirígete al **Zum Nussbaum** (ver recuadro de la pág. 76), el bar favorito de Zille.

Propststraße 11 • *zille-museum.de* • 030 24 63 25 00 • €€ • Cerrado lu. y ma. •
U-Bahn: Klosterstraße

Haus Schwarzenberg

9 La Haus Schwarzenberg es un patio sin reformar con un fascinante ambiente de posguerra y está rodeado de varios museos pequeños dedicados a la vida de los judíos en esta zona durante el Tercer Reich. El **Museo Blindenwerkstatt Otto Weidt** (*museum-blindenwerkstatt.de, 030 28 59 94 07*) está ubicado en el taller del empresario Otto Weidt, que empleaba a trabajadores judíos ciegos y sordos en su fábrica de cepillos. Weidt les ayudó escondiéndolos en una habitación detrás de un armario con un respaldo falso: la habitación aún se puede ver y el taller se ha conservado intacto. Al fondo del patio, está el **Anne Frank Zentrum** (*annefrank.de, 030 28 88 65 600, €€, cerrado lu.*), con una exposición permanente, moderna e interactiva, sobre la vida y la historia de Ana Frank, la niña holandesa que se hizo famosa por su diario, en el que cuenta cómo su familia intentó escapar de los nazis escondiéndose en el tristemente famoso «alojamiento secreto» dentro del almacén de Otto Frank, padre de Ana, en Ámsterdam.

Rosenthaler Straße 39 • S-Bahn: Hackescher Markt

Hackesche Höfe

10 Construido a principios del siglo XX y restaurado en estilo *art nouveau* en 1997, Hackesche Höfe tiene un aspecto que contrasta con **Haus Schwarzenberg**. Un conjunto de ocho patios (*Höfe*) magníficamente restaurados repletos de tiendas. Merece una mención el **Endellscher Hof**, el primer espacio que hay al entrar por la Rosenthaler Straße. Diseñado por August Endell , artista y arquitecto *art nouveau*, también está el **Teatro Chamäleon** (*chamaeleonberlin.com, 030 40 00 590*) en una taberna original, con espectáculos variados, y el **Restaurante Hackescher Hof** (*hackescher-hof.de, 030 28 35 293*), con un precioso techo. En los otros patios, casi todos abiertos hasta las 21:00 h, hay tiendas de recuerdos y artesanía. **Trippen** (*Hof 4 y 6, en.trippen.com, 030 28 39 13 37, cerrado do.*) es vanguardista en accesorios y **Coy Art to Wear** (*Hof 8, 178 48 33 773, cerrado do.*) ofrece sombreros de Cornelia Plotzki. Termina el día en uno de los bares más modernos, el **Oxymoron** (*Hof 1 y 2, oxymoron-berlin.de, 030 28 39 18 86, cerrado do.*).

Rosenthaler Straße 40-41 • S-Bahn: Hackescher Markt

El sabor del relax: cenar en el Endellscher Hof entre el ir y venir de los transeúntes.

MUSEUMSINSEL Y ALREDEDORES

Museo Nuevo

El Antiguo Egipto y los primeros siglos de la historia europea reviven en esta joya de la Museumsinsel.

El busto de Nefertiti es uno de los hallazgos más valiosos de la colección del museo.

El Neues Museum es extraordinario desde el punto de vista arquitectónico y cultural. Construido a mediados del siglo XIX, el edificio sufrió graves daños durante la Segunda Guerra Mundial y fue restaurado por el arquitecto David Chipperfield. Las salas siguen estilos arquitectónicos «antiguos», desde los romanos hasta los griegos y los bizantinos. Salas cuadradas y circulares, con techos abovedados y repletas de excepcionales tesoros artísticos. Una sala está dedicada al busto de Nefertiti, quizás la pieza más famosa del museo.

■ SALÓN PRINCIPAL
Se accede al museo desde la
espectacular James-Simon-Galerie,
una versión moderna de la columnata
de estilo clásico, al nuevo espacio de la
Isla de los Museos inaugurado en 2019
y que ha ganado un premio de
arquitectura. Cuando entras,
te encuentras con el majestuoso
vestíbulo, coronado por un techo
de madera, que mezcla ladrillo visto,
hormigón y mármol. Desde el atrio
parten las dos alas del museo que
rodean los patios griego y egipcio.
Frente a la entrada, en cambio, hay una
escalera que conduce al nivel 0,
donde está el acceso al patio griego,
o a los niveles 2 y 3.

■ PATIO GRIEGO
El patio griego está situado justo en el
centro del ala sur y flanqueado por los
altos muros del museo. Si levantas la
vista, puedes admirar los enormes
bustos de Zeus, rey de los dioses

griegos, Hera y Atenea, que te miran
fijamente. De gran valor es el **friso
realizado en el siglo XIX por
Hermann Schievelbein**: se extiende
por las cuatro paredes del patio y
representa la violenta erupción del
Vesubio en el año 79 d. C. que destruyó
la ciudad de Pompeya.

■ MUSEO EGIPCIO
Y COLECCIÓN DE PAPIROS
La colección, que parte del nivel 1,
está ubicada en el ala norte y se
compone de unos 2500 objetos,
y ofrece una amplia y exhaustiva
panorámica histórica y egiptológica
(sala 111). Las paredes y los techos
decorados son originales que se
conservaron durante la restauración.
Entre las piezas más prestigiosas está la
famosa «**cabeza verde**» **de Berlín**
(sala 109), rostro de un sacerdote del
siglo V a. C. esculpido en una piedra
verde muy lisa, y el *busto de Nefertiti*,
auténtica joya del museo. Data de hace
unos 3330 años y representa a la
esposa de Akenatón, faraón egipcio
que reinó entre 1353 y 1336 a. C.
A esta magnífica obra se le ha
reservado una sala independiente,
la 210, en el nivel 2. Prepárate para
estar con mucha gente, ya que es muy
admirada (recuerda que no se pueden
hacer fotos), pero merece la pena.

> UNA **CURIOSIDAD**
>
> **David Chipperfield, el arquitecto
> británico que llevó a cabo la
> remodelación del Museo Nuevo (2009)
> y diseñó la James-Simon-Galerie (2018),
> ganó en 2023 el Premio Pritzker,
> considerado el Nobel de la Arquitectura.**

■ Patio egipcio

Situado en el centro del ala norte, este patio tiene unas dimensiones similares a las del patio griego y se puede acceder a él desde todos los niveles del museo. Sin embargo, lo más interesante está en el nivel 1; se ha recreado la atmósfera de un templo real y se encuentran los restos de cuatro murales originales con escenas ambientadas en Karnak, Edfu, la isla de File y Abu Simbel. Otras diez obras similares se perdieron a causa de la destrucción bélica. Abajo, en el nivel 0, se pueden ver trece sarcófagos de piedra, mientras que en el nivel 2 se exponen tesoros procedentes del reino de Akenatón.

■ Museo de Prehistoria y Protohistoria

La colección de este museo (Museum für Vor- und Frühgeschichte) que cuenta con unos 6000 objetos, está en el ala sur. Los hallazgos proceden de yacimientos arqueológicos de toda Europa y algunas partes de Asia y datan desde el Paleolítico hasta la Alta Edad

Media, además de algunos que pertenecen a la **Antikensammlung** (importante colección de antigüedades griegas y romanas; ver pág. 75). En el nivel 1 hay una vitrina que, en apariencia, está llena de escombros (sala 102): se trata de los restos, rotos, doblados o fundidos, de objetos que formaban parte de los miles de tesoros destruidos por los bombardeos aliados en 1945. Entre otras maravillas están los **hallazgos procedentes de Troya** gracias a las excavaciones de Heinrich Schliemann (salas 103-104) y otros sobre la historia de **Chipre** (sala 106). En el nivel 2 destacan una antigua estatua romana de bronce que representa a un **joven de Xanten** (sala 201) y una enorme *estatua de Helios*, dios griego del sol, del siglo II d. C. (sala 203, preciosa, con bóveda y muros de ladrillo).

■ Nivel 3

En la tercera planta se exponen hallazgos prehistóricos de la Edad de Piedra, del Bronce y del

Un jarrón con la imagen del dios egipcio Bes, 1550-1070 a. C. aproximadamente.

Los sarcófagos de piedra en el nivel 0 del Patio egipcio.

Hierro, con una sección dedicada a las excavaciones arqueológicas en Berlín. De la Edad de Piedra hay un alce hallado en 1956 en la ciudad, en Hansaplatz (sala 308), como testimonio de los dramáticos cambios climáticos de aquella época. La joya de la Edad del Bronce es el famoso «**sombrero de oro**» de Berlín (sala 305), un objeto de forma cónica compuesto por finas láminas de oro del que solo existen otros tres ejemplares atribuibles a esa época en Europa. La Edad del Hierro está representada por las tumbas de la cultura de Hallstatt (sala 302).

Sin embargo, si solo tienes tiempo para una exposición, vete a la «**máquina del tiempo**» (sala 304; *audio en inglés*), donde unas secuencias animadas ilustran la vida de algunos habitantes indígenas a lo largo de los milenios. En el vídeo, se utilizan objetos de los que se exponen.

Bodestraße 1-3 • *smb.museum* • 030 26 64 24 242 • €€€ • Cerrado lu. y 24 de diciembre • S-Bahn: Hackescher Markt

El patrimonio judío

En 1945 solo quedaban algunos vestigios del patrimonio judío en Berlín, destruido por los nazis con la ayuda de los bombardeos aliados. En la actualidad, queda la Nueva Sinagoga de Berlín (Neue Synagoge) en la Oranienburger Straße, con su cúpula dorada reconocible, símbolo de la comunidad judía de Berlín, en continuo y rápido crecimiento.

El boicot nazi a la población judía se expresó a través de carteles como el de la foto, colocado frente a los grandes almacenes de la familia judía Tietz en Berlín, en 1933: «Alemanes: defiéndanse, no compren a los judíos». En página siguiente: La Nueva Sinagoga en la Oranienburger Straße.

Una historia turbulenta

Llegados a Berlín en el siglo XIII, los judíos fueron objeto de represiones infinitas, pero a partir de finales del siglo XVII comenzó a crecer la tolerancia hacia ellos, lo que llevó a la ciudad a convertirse, en el siglo XIX, en uno de los centros del pensamiento liberal judío, con una población de más de 100 000 judíos a principios del siglo XX. Después de la Primera Guerra Mundial, la República de Weimar representó un momento de renacimiento cultural para Berlín y entre sus protagonistas había políticos, escritores, artistas y músicos judíos. Si bien la mayoría de la población judía alemana pertenecía a la clase media y estaba integrada, por otro lado comenzaron a llegar muchos judíos de Europa oriental, huyendo de las matanzas, y que formaron una minoría pobre y guetizada de lengua yidis.

Hacia la barbarie

En 1933, cuando los nacionalsocialistas llegaron al poder, vivían en Berlín unos 160 000 judíos.

Seis años más tarde, 75 000 de ellos ya habían sido expulsados. Unos 8000 sobrevivieron al Holocausto escondiéndose en áticos y sótanos con la ayuda de conciudadanos. Sin embargo, para la mayoría no hubo más remedio que una muerte segura en los campos de trabajo y de exterminio, así como centros de recogida como los *Judenlager* de la Grosse Hamburger Straße o la estación de tren de Grunewald, donde hoy hay un memorial.

El Berlín judío actualmente

Después de 1945, pocos judíos supervivientes decidieron seguir viviendo en Berlín, y solo tras la caída del Muro (1989) la comunidad judía intentó recuperar su lugar. Hoy, en Berlín están presentes diversas sinagogas, escuelas y centros culturales.

STOLPER**STEINE**

Los **monumentos** dedicados a las víctimas del Holocausto están repartidos por todo Berlín, como en Schöneberg (ver págs. 142-143). El más conmovedor y particular es el realizado por el artista berlinés Gunter Demnig, las *Stolpersteine* (piedras de tropiezo). Se trata de unos guijarros con una placa de latón colocados en las calles y aceras de las ciudades de los países ocupados por los nazis.
Las piedras se encuentran en el lugar donde se situaban las viviendas de los judíos deportados y asesinados por los nazis, cuyos nombres están grabados en el metal. Siete de ellas se colocaron en la entrada de **Hackesche Höfe** (*Rosenthaler Straße 40-41*), en memoria de Anita Bukofzer, Ury y Paula Davidson y la familia Schneebaum, todos asesinados en Auschwitz.

El paseo fluvial

Los dos ríos principales de Berlín, el Spree y el Havel, están conectados por una serie de canales y lagos que crean una red de agua que recorre toda la ciudad. Por las orillas encontrarás embarcaderos desde donde parten cruceros, hay locales donde comer y beber y otras atracciones y actividades al aire libre.

■ UN CRUCERO POR EL RÍO

Una de las formas más agradables de ver los principales lugares de la ciudad es desde el río. Berliner Wassersport und Service (BWSG) ofrece cruceros de una hora en ferris con la cubierta superior al aire libre. El recorrido comienza y termina en el muelle Alte Börse, cerca de la Museumsinsel; si quieres evitar el calor del mediodía (en verano), reserva para la mañana o la tarde.

El recorrido parte en dirección este y ofrece inmediatamente una vista espectacular del **Catedral de Berlín** (ver pág. 76) y del fascinante barrio medieval de **Nikolaiviertel** (ver pág. 78). En la esclusa de Mühlendamm, el barco cambia el rumbo, pasando por delante de la majestuosa fachada de la **Antigua Galería Nacional** (ver pág. 75) y la característica cúpula del **Museo Bode** (ver pág. 75), para dirigirse hacia Friedrichstraße

y el antiguo puesto de control del Muro. Tras el **Reichstag** (ver págs. 62-63), la visita pasa por el barrio gubernamental, con su arquitectura modernista, y frente a la Hauptbahnhof, la estación de tren de cristal y acero. Aquí, si realizas la visita por la tarde y hace buen tiempo, verás a mucha gente disfrutando del sol, la música y las bebidas en el **Capital Beach Bar** (ver pág. 168). La última parada es **Tiergarten** (ver págs. 98-99).

Burgstraße 27 • *bwsg-berlin.de* • 030 65 13 415 • €€€€ • Cerrado desde principios de noviembre hasta finales de marzo • S-Bahn: Hackescher Markt

■ PASEO EN KAYAK

Kayak Berlin Tours organiza diferentes tipos de excursiones en kayak, también realiza salidas nocturnas, *stand up paddle* y una visita a Potsdam. Salida desde cualquier punto de la ciudad.

kajakberlintours.de • 0179 12 42 924 • €€€€€

En crucero frente a la Hauptbahnhof, con el Spreebogenpark en primer plano.

■ Los LOCALES

El Berghain, en Berlín Este, es quizás el club más famoso de la ciudad, pero el **YAAM (Young African Art Market)** es el lugar más relajante durante la temporada estival. Situado a orillas del Spree, lleva más de treinta años siendo un punto de referencia del Berlín multicultural y ofrece conciertos de música *underground*, torneos de baloncesto, arte callejero, un mercado de comida con productos de África y el Caribe y un parque infantil: todo ello bajo el lema de la cohesión social.

An d. Schillingbrücke 3 • 175 76 20 494 • €€ • S-Bahn: Ostbahnhof

■ Los RESTAURANTES

Instalado en un velero holandés amarrado en el Spree, en el barrio de Kreuzberg, **Van Loon** (*Carl-Herz-Ufer 5, vanloon.de, 030 69 26 293, €€, cerrado lu. y ma.*) es un lugar muy agradable para tomar una copa, desayunar e incluso cenar al aire libre. Si quieres algo de más categoría, prueba el **Grill Royal** (*Friedrichstraße 105b, grillroyal.com, 030 28 87 92 88, €€€€€*), un asador cerca de la Museumsinsel. Lo frecuenta gente acomodada y tiene una terraza desde la que se disfruta de una magnífica vista del Museo Bode y del Spree.

LO **MEJOR**

La gigantesca escultura *Molecule Man* se eleva sobre las aguas del Spree.

■ Las vistas al río

Uno de los puentes más bonitos, el **Oberbaumbrücke**, tiene una historia ilustres: se construyó en madera en 1724 para unir Kreuzberg y Friedrichshain, entonces separados por el Spree, y durante los años del Muro se convirtió en un símbolo de la Guerra Fría e incluso ha sido protagonista de varias películas, entre ellas *El mito de Bourne*. Hoy en día, desde sus arcos y torres seudomedievales se disfruta de una hermosa vista en ambas direcciones.

Cruce entre Warschauer Straße y Mühlenstraße
• U-Bahn: Schlesisches Tor

■ La estatua

Es imposible no fijarse en ***Molecule Man***, la enorme obra del artista estadounidense Jonathan Borofsky, que con sus 30 m de altura se alza sobre el Spree frente a las Treptowers, en Berlín Este. Tres figuras humanas se inclinan unas hacia otras y se sostienen mutuamente, en memoria de la reunificación de la ciudad.

An den Treptowers 1 • S-Bahn: Treptower Park

■ Estancia en el río

Hay muchas opciones interesantes para dormir «sobre el agua». La más divertida es el **Shipotel-Berlin GmbH**

(*Mühlenstraße 73, shipotel.com, 030 92 10 46 62, €-€€*), que ofrece habitaciones sencillas individuales, dobles y cuádruples, con desayuno incluido. Esta situado justo al lado de la **East Side Gallery** (ver pág. 129) y del Oberbaumbrücke.

■ MERCADILLO

Cada dos domingos por la mañana, la zona de Maybachufer, a lo largo del Landwehrkanal, en el barrio de Kreuzkölln, cobra vida gracias al concurrido **Nowkölln Flowmarket** (*nowkoelln.de*), un mercadillo de segunda mano donde se encuentran objetos de todo tipo, de segunda mano o de diseñadores. Siempre hay mucha gente, pero el ambiente es relajado.

■ *BEACH BAR* CON PISCINA

El **Badeschiff** es una piscina construida dentro del casco de una antigua barcaza anclada en el Spree, en la zona de Berlín Este. Diseñado por Susanne Lorenz forma parte de la Arena, un complejo con varios espacios para eventos, un bar al aire libre y una zona para tomar el sol. En verano hay una playa con su propio bar.

Eichenstraße 4 • *arena.berlin* • 030 53 32 030 • €€ • U-Bahn: Schlesisches Tor

La puesta de sol en las orillas del Spree, justo enfrente del Badeschiff.

Tiergarten y alrededores

Dominado por el parque del que toma su nombre, el Tiergarten es un barrio con un ambiente único. Junto al parque, atraviesa una imponente avenida de tres carriles, la Straße des 17. Juni, donde abunda el arte y la cultura.

La Nueva Galería Nacional, la Filarmónica de Berlín y el Bauhaus-Archiv, en el lado sur, y la Casa de las Culturas del Mundo, en el lado norte, son edificios diseñados por algunos de los arquitectos más importantes del siglo xx y encarnan el espíritu de la arquitectura moderna europea. Los eventos y las exposiciones que acogen, desde obras maestras de la pintura del pasado hasta hitos del movimiento Bauhaus, convierten al barrio en uno de los centros culturales más importantes de Berlín.

**◄ Bonitos puentes
atraviesan los canales
que desembocan en
el Tiergarten See,
en la zona sur
del parque.**

Tiergarten y alrededores

Un bonito paseo por los antiguos cotos de caza rodeados de los lugares de mayor interés cultural y arquitectónico del oeste de Berlín.

⑤ Tiergarten (ver págs. 98-99). La Hofjägerallee te llevará hasta la Columna de la Victoria, desde donde podrás disfrutar de unas vistas espléndidas del parque. Recorre todos los senderos antes de cruzar la Straße des 17. Juni en dirección al lado norte del parque.

⑥ Casa de las Culturas del Mundo (ver pág. 99). Admira la fachada de este edificio, conocido como «la ostra preñada» por su inusual forma, y entra para descubrir una gran variedad de eventos, conciertos y exposiciones de todo el mundo.

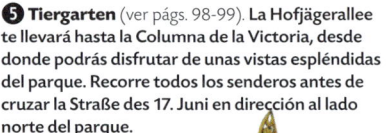

TIERGARTEN Y ALREDEDORES

TIERGARTEN Y ALREDEDORES
DURACIÓN: 9 H APROX.

DISTANCIA: 4,5KM
ESTACIÓN U-BAHN: POTSDAMER PLATZ

❶ Gemäldegalerie (ver págs. 100-101).
En la Pinacoteca de Berlín encontrarás 500
años de obras maestras del arte europeo.
Después de visitar este lugar, uno de los
puntos fuertes del Kulturforum, dirígete
al otro lado de la plaza para ver la Nueva
Galería Nacional. Vete hacia el sur y luego
hacia el este después de Matthäuskirche.

❷ Nueva Galería Nacional (ver págs. 96-97).
Famoso ejemplo de arquitectura Bauhaus,
es una de las joyas del Kulturforum y alberga
una amplia selección de obras maestras del
siglo xx. Recorre la Sigismundstraße y gira a
la izquierda en la Stauffenbergstraße.

❸ Monumento a la Resistencia Alemana
(ver pág. 97). Las heroicas historias de quienes
se opusieron al régimen nacionalsocialista.
Vuelve a la Sigismundstraße hasta
el Landwehrkanal y después sigue hasta
la Klingelhöferstraße.

❹ Archivo Bauhaus (ver págs. 97-98).
Bajo su techo ondulado, este archivo volverá
a albergar pronto la biblioteca y las obras
fundamentales de los líderes del movimiento
Bauhaus. Toma la Klingelhöferstraße
en dirección norte y entra en Tiergarten.

Mapa:

KANZLERGARTEN

Spree

SPREEBOGEN-
PARK

🚇 Bundestag

❻ Casa de las
Culturas del
Mundo

REGIERUNGSVIERTEL

PLATZ DER
REPUBLIK

JOHN-FOSTER-DULLES-ALLEE

SCHEIDEMANNSTRAßE

YITZHAK-
RABIN-
STRAßE

Sowjetisches
Ehrenmal

STRAßE DES 17. JUNI

ENTLASTUNGSSTRAßE

BELLEVUEALLEE

GROSSER WEG

Luiseninsel

TIERGARTENSTRAßE

LENNÉSTRAßE

POTSDAMER
PLATZ

🟢 Potsdamer
Platz

KULTUR-
FORUM

❶ Gemäldegalerie

🚇 Potsdamer
Platz

mento a
sistencia
ana

❸

STAUFFENBERGSTRAßE

❷ Nueva
Galería
Nacional

STRAßE

REICHPIETSCHUFER

Landwehrkanal

SCHÖNEBERGER

POTSDAMER UFER

Gemäldegalerie

1 Ver págs. 100-101.

Matthäikirchplatz 4-6 • *smb.museum* • 030 26 64 24 242 • €€ • Cerrado lu., 24 y 31 de diciembre • S-Bahn/U-Bahn: Potsdamer Platz

Nueva Galería Nacional

2 La Neue Nationalgalerie cuenta con 5000 m² de superficie expositiva; su fachada moderna, diseñada por el arquitecto de la Bauhaus Ludwig Mies van der Rohe e inaugurada en 1968, alberga una gran colección de pinturas y esculturas europeas desde el siglo XIX hasta los años 60 del siglo XX, que se exponen de forma rotatoria. Las exposiciones especiales de arte contemporáneo están en la sala superior acristalada y la colección permanente, en el sótano. Hay obras maestras de los grandes maestros, desde Pablo Picasso hasta Salvador Dalí y Paul Klee. La colección permanente incluye obras del movimiento expresionista Die Brücke

La Nueva Galería Nacional expone obras fundamentales del arte europeo del siglo XX.

(El Puente), formado por Karl Schmidt-Rottluff, Erich Heckel y Ernst Ludwig Kirchner, entre otros. De este último, admira su obra *Potsdamer Platz*: la plaza está pintada tal y como era en 1914, antes de los bombardeos de la Segunda Guerra Mundial. En 2027, junto a la Nueva Galería Nacional está previsto construir el Museo del Siglo xx, que albergará parte de su valioso patrimonio, además de colecciones privadas.

Potsdamer Straße 50 • *smb.museum* • 030 26 64 242 • S-Bahn/U-Bahn: Potsdamer Platz

Monumento a la Resistencia Alemana

3 El Gedenkstätte Deutscher Widerstand ocupa las instalaciones del cuartel general de los militares que intentaron asesinar a Adolf Hitler el 20 de julio de 1944. Hay un museo y un centro de documentación que dan voz a las acciones individuales u organizadas contra el nazismo en los años 1933 y 1945. Desde 2018 está el **Memorial Stille Helden** (*gedenkstaette-stille-helden.de*, 030 26 39 23 822), que conmemora a los «héroes silenciosos» que arriesgaron sus vidas para salvar a judíos, y se documentan sus éxitos y fracasos a través de fotografías y relatos.

Stauffenbergstraße 13-14 • *gdw-berlin.de* • 030 26 99 50 00 • Cerrado 1 de enero, del 24 al 26 y 31 de diciembre • S-Bahn/U-Bahn: Potsdamer Platz

Archivo Bauhaus

4 El inconfundible Bauhaus-Archiv, un edificio diseñado por el fundador de la Bauhaus, Walter Gropius, alberga un museo en el que podrás entender la amplitud y la profundidad del movimiento. El complejo está cerrado por obras de ampliación; el edificio albergará el archivo, la biblioteca y la tienda, y el museo estará ubicado en los nuevos espacios diseñados por el estudio berlinés

DÓNDE **COMER**

■ FACIL
Dentro del Mandala Hotel, el famoso chef Michael Kempf dirige un exclusivo restaurante con estrella Michelin. Además de un menú de primera clase, destacan las magníficas vistas desde la quinta planta. **PotsdamerStraße 3, 030 59 00 51 234, €€€€**

■ IRMA LA DOUCE
Restaurante con estrella Michelin que ofrece platos *gourmet* de la mejor cocina francesa. **PotsdamerStraße 102, 03023 00 05 55, €€€€**

■ STICKS'N'SUSHI
Combinación de cocina danesa y japonesa: desde salmón hasta brochetas de pollo a la parrilla *yakitori*. Una fórmula de restauración nacida en Dinamarca, que se extendió a Londres y Berlín. **PotsdamerStraße 85, 03026 10 36 56, €€€**

TIERGARTEN Y ALREDEDORES

Algunas de las estatuas del Tiergarten: una familia de leones, con la leona herida.

Staab Architekten. A la altura del paseo a la sombra de una etérea torre acristalada, se exponen los objetos de decoración, como la lámpara de Wilhelm Wagenfeld, la silla Wassily de Marcel Breuer, los sillones y mesas de Mies van der Rohe o los cuadros de Josef Albers y Paul Klee, y también varios tapices, el ajedrez de Josef Hartwig, o algunas creaciones de grandes dimensiones como el bar creado para la Exposición del Werkbund en París en 1930 y las maquetas de diferentes proyectos. En Charlottenburg (*Knesebeckstraße 1-2*), el **Temporary Bauhaus-Archiv** no expone las colecciones originales por motivos de conservación, pero se ha trasladado allí la tienda y se organizan eventos sobre temas relacionados con el diseño y el proyecto del nuevo museo.

Klingelhöferstraße 14 • *bauhaus.de* • 030 25 40 020 • U-Bahn: Nollendorfplatz

Tiergarten

5 Era el coto de caza del Gran Elector Federico Guillermo (1620-1688), y ahora es uno de los espacios verdes más grandes de Berlín, con más de 200 ha. Cuenta con 25 km de senderos que bordean lagos, estanques y jardines. Los berlineses vienen aquí para correr, tomar el sol o jugar al *frisbee*, y hay lugares para hacer pícnic y barbacoas, cafeterías y cervecerías. En el corazón del parque, a mitad de la Straße des 17. Juni, está la **Siegessäule** (*Grosser Stern 1, €*): una columna sobre la que se alza desde 1864 una Victoria alada de oro, para celebrar el éxito del ejército prusiano sobre los daneses. Sube los escalones hasta la plataforma para admirar las vistas. Al norte se extiende el elegante **Palacio Bellevue**, construido en 1786 para el príncipe prusiano Augusto Fernando, que hoy es la residencia del presidente de la República. En el extremo este de la Straße des 17. Juni está situado el Monumento Conmemorativo Soviético (Sowjetisches Ehrenmal), la gran estatua de bronce de un soldado sobre un pedestal de mármol, erigida en honor a la victoria soviética sobre los nazis durante la batalla de Berlín (mayo de 1945). Parece que los tanques T-34 a ambos lados fueron los primeros en entrar en la ciudad.

Straße des 17. Juni • S-Bahn: Tiergarten

Casa de las Culturas del Mundo

6 En el norte del Tiergarten, a orillas del Spree, está la Haus der Kulturen der Welt, con su fachada majestuosa, frente a una escultura de bronce *Large Divided Oval: Butterfly*, del británico Henry Moore. Construida en 1957 como centro de congresos fue un regalo de los Estados Unidos que simbolizaba la libertad de Berlín Occidental: durante su visita en 1963, John F. Kennedy pronunció aquí un discurso. Contiene un auditorio, una sala de exposiciones, y salas pequeñas. Aquí se celebran eventos, exposiciones, festivales y conciertos (muchos con entrada gratuita) dedicados a las culturas y sociedades extraeuropeas. El programa musical incluye hasta tres conciertos por noche (*a partir de las 19:00 h; consulta la web*).

John-Foster-Dulles-Allee 10 • hkw.de • 030 39 78 70 • €€-€€€ • Cerrado ma. (exposiciones) • U-Bahn: Bundestag

INFORMACIÓN **TURÍSTICA**

No te pierdas los conciertos del Carillón del Tiergarten, una torre de granito negro que contiene 68 campanas que se tocan mediante un teclado de varillas similar al de un órgano. Se celebran conciertos durante las fiestas y los domingos en verano.

Gemäldegalerie

Las obras de Bruegel, Dürer, Rubens y Rembrandt compiten por el espacio en las paredes de la Pinacoteca de Berlín.

Entre las pinturas expuestas destaca *La subida al Calvario*, **de Pieter Bruegel el Joven.**

Con unas 1500 obras expuestas (aproximadamente la mitad de las que posee), la Gemäldegalerie es una de las mejores pinacotecas de Europa para el arte de los siglos XIII al XVIII. La colección incluye retratos, pinturas de género, tableros decorativos, vistas de interiores, paisajes y naturalezas muertas. Muchas de las obras las acumularon el Gran Elector Federico Guillermo y Federico el Grande. Son realmente impresionantes las obras maestras alemanas y holandesas (siglos XIV-XVII) y la sección dedicada a la pintura italiana (siglos XIII-XVI).

■ WANDELHALLE

Las salas de esta galería se distribuyen alrededor de un amplio vestíbulo central y siguen una organización geográfica y cronológica.

La numeración adoptada para indicar las salas alterna números romanos para las más grandes alrededor del vestíbulo y números arábigos para las demás.

Esta zona se ha renovado con el fin de ofrecer exposiciones con obras del museo desde diferentes puntos de vista; en el centro hay una fuente, una instalación del estadounidense Walter De Maria.

■ PINTURA ALEMANA Y FLAMENCA

Las salas dedicadas a las obras alemanas y flamencas cuentan con obras como *Retrato de una joven veneciana* (1505) de Albercht Dürer (sala II); *El juicio final* (1524) de Lucas Cranach (sala III); *Proverbios flamencos* (1559), de Pieter Bruegel el Viejo (sala VII); y cuadros de Rembrandt, incluido un autorretrato de 1634 (sala X).

■ PINTURA ITALIANA

La sección dedicada al Renacimiento italiano es otra de las joyas de la Gemäldegalerie e incluye cinco Madonnas de Rafael (sala XXIX) que,

INFORMACIÓN **TURÍSTICA**

En el **Museo Bode** se exponen unas 200 pinturas de la Gemäldegalerie, seleccionadas para dialogar con las esculturas que allí se conservan. Una elección coherente desde el punto de vista museológico. Además, un proyecto a largo plazo pretende trasladar en el futuro todo el patrimonio de la galería a la Museumsinsel.

vistas en conjunto, dan testimonio de la evolución del estilo y la creciente conciencia del pintor, desde sus primeras obras hasta el período florentino. Entre otras obras maestras italianas expuestas *El amor victorioso* (1602) de Caravaggio (sala XIV), *Retrato de una mujer joven* (1460-1465) de Botticelli (sala XVIII) y *Leda con el cisne* (hacia 1530) de Correggio (sala XV), representación del popular mito griego en el que Zeus se transforma en cisne para seducir a una joven.

■ UNA MIRADA MÁS ATENTA

Para estudiar en detalle algunas de las pinturas más importantes de la exposición, puedes recurrir a los ordenadores. En la planta baja hay una galería digital (se accede desde la escalera de la sala XV).

Matthäikirchplatz 4-6 • *smb.museum* • 030 26 64 24 242 • €€ • Cerrado lu., 24 y 31 de diciembre • S-Bahn/U-Bahn: Potsdamer Platz

TIERGARTEN Y ALREDEDORES

Una capital cultural

Con la caída del Muro, Berlín se convirtió en la capital cultural, además de política, de la Alemania unificada. Hoy ofrece tanto eventos de tipo clásico, así como vanguardista. Su identidad cultural también tiene raíces en la historia de los últimos cien años: desde los excéntricos años veinte y el período del Muro hasta la actualidad como capital.

El Festival Internacional de Cine de Berlín atrae cada año a medio millón de espectadores con sus 400 películas en estreno.
En página siguiente:
Un concierto de música clásica en la Filarmónica de Berlín.

Divisiones culturales

En el Berlín dividido, ambos bandos utilizaban la cultura con fines propagandísticos. En Berlín Oriental, la ópera y los conciertos eran de alto nivel, pero las entradas costaban una décima parte que en Nueva York y Londres. Berlín Occidental apostaba por el *glamour* de la **Berlinale** (*berlinale.de*), un festival internacional de cine creado en 1951 y que sigue siendo una cita ineludible. En los años sesenta, una zona bombardeada del sector occidental, cerca del Muro, se transformó en un centro cultural. Así nació el **Kulturforum**, obra maestra arquitectónica de Mies van der Rohe y Hans Scharoun, con museos, bibliotecas y el lugar privilegiado para la música clásica de la **Filarmónica de Berlín** (*berliner-philharmoniker.de*).

Siempre a la vanguardia

Después de la Primera Guerra Mundial, Berlín se descubrió como centro de experimentación artística (ver págs. 64-67). Esta tradición sigue viva hoy en día gracias a los numerosos edificios industriales abandonados que ofrecen espacio a bailarines, artistas y creativos. Un ejemplo entre muchos es el **Radialsystem** (*Holzmarktstraße 33, radialsystem.de, 030 28 87 88 50*), una estación de bombeo sobre el Spree transformada en una estructura para espectáculos y eventos abiertos a las familias. Y quien quiera, puede relajarse en la terraza con vistas al río.

Al teatro

No es de extrañar que, en la ciudad que inspiró a Bertolt Brecht, el teatro tenga un papel fundamental. Destacan el **Deutches Theater** (*Schumannstraße 13A, deutschestheater.de, 030 28 44 12 25*), que ocupa el mismo edificio desde 1883, y el **English Theatre Berlin** (*Fidicinstraße 40, etberlin. de, 030 69 35 692*), con espectáculos en inglés.

BERLÍN
DE CELULOIDE

Pocas capitales han sido fuente de inspiración para la industria cinematográfica tanto como Berlín. Descubre la ciudad en la gran pantalla con: *El ángel azul* (1930) con Marlene Dietrich (ver pág. 65), ***Uno, dos, tres*** (1961) de Billy Wilder, *El cielo sobre Berlín* (1987) de Wim Wenders, ***Corre, Lola, corre*** (1998) de Tom Tykwer y *Good Bye, Lenin!* (2003), de Wolfgang Becker.

Los parques de la ciudad

Berlín es una de las ciudades más verdes de Europa, con una gran cantidad de espacios para pasear, tomar el sol y practicar deporte. La mayoría de parques tienen las mismas características que el más grande de la ciudad: el Tiergarten (ver págs. 98-99), con monumentos, museos y mucho más para ver.

■ SPREEBOGENPARK

Este parque, terminado en 2005, está ubicado en un recodo del río Spree, en el extremo noroeste del barrio de Tiergarten. Enclavado entre dos puentes, cuenta con senderos a varios niveles entre prados y árboles de boj. Desde aquí se disfruta de una magnífica vista del centro de Berlín y se accede al paseo fluvial.

Ludwig-Erhard-Ufer • U-Bahn: Bundestag

■ MONBIJOUPARK

Donde antes estaba el Palacio Monbijou, ahora hay un pequeño parque para hacer una parada, justo enfrente de **Museumsinsel** (ver págs. 70-91). Los niños lo apreciarán especialmente, gracias a la heladería y a las dos piscinas: una para nadar y otra para los más pequeños. Hay muchos bancos y árboles para dar sombra.

Monbijoustraße • S-Bahn: Hackescher Markt

■ TEMPELHOFER PARK

Entre los barrios de Schöneberg y Kreuzberg, este aeropuerto en desuso (ampliado hasta su forma actual durante el nazismo) fue declarado espacio público en 2010 tras escapar de la especulación gracias a la voluntad de los ciudadanos. La antigua pista de aterrizaje es muy popular entre los aficionados al *wind-skate*, la bicicleta y los patines. Hay atracciones para todos los gustos, desde el **Templo Shaolin** hasta huertos compartidos, pasando por esculturas de artistas locales y zonas de barbacoa. Algunas partes del aeropuerto **Flughafen** pueden verse con una visita guiada (*consulta la página web*) y, a veces, se utilizan para grandes eventos como la **Berlinale** (ver págs. 102-103) o como escenario para el cine y la fotografía.

Entrada: Tempelhofer Damm, Columbiadamm, Oderstraße • *thf-berlin.de* • 030 24 74 98 88 • S-Bahn/U-Bahn: Tempelhof

TIERGARTEN Y ALREDEDORES

Practicando *wind-skate* en la antigua pista de aterrizaje del Tempelhofer Park.

■ MAUERPARK

Los lugares del Muro y la franja de la muerte, en la parte oriental de la ciudad, se han convertido desde los años 90 del siglo pasado en un espacio público: el Mauerpark. Flanqueado por el estadio Friedrich-Ludwig-Jahn al este (en lo alto de un terraplén donde se ven algunos restos del Muro), ocupa un lugar especial en el corazón de los berlineses. Todos los domingos hay un mercadillo (ver pág. 153). También hay un anfiteatro donde, en temporada alta, se celebran concursos de karaoke (ver pág. 171).

Bernauer Straße • U-Bahn: Bernauer Straße

■ TREPTOWER PARK

Dominado por el **Monumento Soviético** con sus 10 ha, construido en memoria de las 20 000 víctimas rusas de la batalla de Berlín, este parque está situado en la zona este, donde se puede pasear al lado del Spree, hay frondosos árboles y un agradable **Karpfenteich** (lago con carpas). También se puede visitar el observatorio **Archenhold-Sternwarte** (*Alt-Treptow 1, planetarium.berlin, 030 42 18 45 10*), donde Einstein dio su primera conferencia sobre la teoría de la relatividad.

Alt-Treptow • S-Bahn: Treptower Park

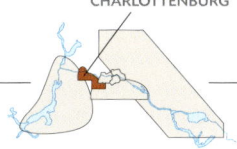

Charlottenburg

Charlottenburg, uno de los barrios más ricos de Berlín desde siempre, se convirtió en un importante centro cultural durante la República de Weimar, cuando estaba repleto de cafés, galerías, grandes almacenes y cabarés. En la época del Muro, la zona conservó su alma comercial y, aún hoy, es uno de los mejores destinos para ir de compras, además de para hacer turismo. La calle principal, Kurfürstendamm (o simplemente Ku'damm), es la respuesta berlinesa a los Campos Elíseos de París y a Oxford Street de Londres. Esta enorme avenida arbolada está flanqueada por tiendas de alta costura y restaurantes de lujo, y las elegantes calles secundarias por anticuarios, *boutiques* independientes y mucho más. En las inmediaciones están el Palacio de Charlottenburg, la prestigiosa residencia real que da nombre al barrio, la iglesia conmemorativa del káiser Guillermo con su torre maltrecha por la guerra y el conmovedor Museo Käthe-Kollwitz.

◀ **La lujosa Galería Dorada del Palacio de Charlottenburg.**

ITINERARIO **A PIE**

❶ **Palacio de Charlottenburg** (ver págs. 114-117).
Dedica tres horas a visitar las numerosas salas y los
espléndidos jardines de esta antigua residencia real.
Continúa hacia el oeste en dirección a la Orangerie.

SCHLOSSGARTEN
CHARLOTTENBURG

Belvedere

Mausoleum

**Palacio de
Charlottenburg**

Altes Schloss

Neuer
Pavillon

**Museo
Käthe
Kollwitz**

❷ ❶

Neuer Flügel

Gipsformerei

Orangerie

SPANDAUER DAMM

KLAUSENERPLATZ

Westend

SCHUSTEHRUS-
PARK

Richard-
Wagner-Platz

OTTO-SUHR-

ALLEE

DANCKELMANNSTRASSE

SCHLOSSSTRASSE

KAISER-

FRIEDRICH-

STRASSE

CHARLOTTENBURG

ZILLESTRASSE

BISMARCKSTRASSE

**Deutsche
Oper**

LEIBNIZSTRASSE

SOPHIE-
CHARLOTTE-
PLATZ

Sophie-
Charlotte-
Platz

Bismarckstraße

SCHILLERSTRASSE

❷ **Museo Käthe
Kollwitz** (ver pág. 111).
Este museo presenta
la obra y la vida de la
pacifista Käthe Kollwitz.
Toma el metro y baja en
Uhlandstraße.

0   500 metros
0   500 yardas

❸ **Kurfürstendamm** (ver págs. 110-111).
Descubre la gran variedad de tiendas,
galerías y museos que hay a ambos lados
de esta famosa avenida siempre animada.
Continúa hacia el este por Ku'damm hasta
Breitscheidplatz.

CHARLOTTENBURG   **DISTANCIA: 5,6 KM**
DURACIÓN: 10 H APROX.   **ESTACIÓN U-BAHN: RICHARD-WAGNER-PLATZ**

Charlottenburg

El barrio real de Berlín, entre el esplendor prusiano
y las compras de primera clase.

4 Iglesia memorial del káiser Guillermo (ver págs. 112-113).
En la parte norte del Ku'damm verás la aguja rota y los modernos edificios de la iglesia conmemorativa del káiser Guillermo. En su interior alberga exposiciones y elementos de interés religioso y arquitectónico. Continúa hacia el este por Tauentzienstraße hacia Wittenbergplatz.

5 KaDeWe (ver pág. 113).
Con un breve paseo hacia el este por Tauentzienstraße llegarás a Wittenbergplatz y al KaDeWe, uno de los grandes almacenes más surtidos de Europa, con las mejores marcas para cada ocasión. Las plantas superiores son un paraíso para los golosos.

Palacio de Charlottenburg

1 Ver págs. 114-117.

Spandauer Damm 10-22 • *spsg.de* • 03 31 96 94 200 • €€€€ • Cerrado lu. y 24 y 25 de diciembre • U-Bahn: Richard-Wagner-Platz

Kurfürstendamm

2 La avenida principal de Charlottenburg, conocida con el nombre abreviado de Ku'damm, ofrece una mezcla de *boutiques* de alta costura, tiendas y restaurantes con clase. Las marcas más famosas se encuentran en el extremo occidental: Chanel (*n.º 188-189*), Yves Saint Laurent (*n.º 52*) y *Louis Vuitton* (*n.º 185*). Entre ellas hay tiendas muy *chic*. Destaca la selección de colecciones (para hombre y mujer) de Harveys (*n.º 56, harveys.berlin, 030 88 33 803*), la moda femenina de la tienda Veronica Pohle (*n.º 64, veronicapohle. de, 030 88 33 731*) y los zapatos de primera calidad de Budapester Schuhe (*n .º 43, mybudapester.com, 0308862 42 06*). Si quieres hacer una pausa de las compras, puedes ir a Story of Berlin (*n.º 207-208,*

La estatua de Käthe Kollwitz frente al museo del mismo nombre.

story-of-berlin.de, 030 88 72 01 00), aunque está cerrada temporalmente, la exposición sobre ocho siglos de historia de la ciudad se volverá a montar en el complejo Fürst. Si vas más al este, en Ku'damm, encontrarás cadenas internacionales de moda y ropa deportiva, además de unas setenta tiendas del Europa-Center (*Breitscheidplatz, europa-center-berlin.de*).

Eje este-oeste entre Joachim-Friedrich-Straße al oeste y Tauentzienstraße al este • U-Bahn: Adenauer Platz

Museo Käthe Kollwitz

3 El Käthe Kollwitz Museum está situado en las instalaciones del teatro del castillo de Charlottenburg y expone una amplia colección de obras de una de las artistas berlinesas más famosas del siglo xx. En la colección permanente hay bocetos, grabados, litografías y esculturas, que muestran el compromiso con el que Käthe Kollwitz luchó durante toda su vida contra las guerras y el sufrimiento, especialmente de las mujeres y los niños. La primera planta comienza con las primeras obras de carácter político, entre ellas, *La revuelta de los tejedores* (1893-1897) y *La guerra de los campesinos* (1902-1908). Entre las obras de la segunda y tercera planta hay una notable colección de carteles creados en 1924 para la Ayuda Obrera Internacional, con lemas como «Los niños alemanes mueren de hambre», «¡Pan!» y «¡Nunca más la guerra!». Quizás las obras más conmovedoras son los dibujos y esculturas creados al estallar la Primera Guerra Mundial, conflicto en el que artista perdió a un hijo. Los títulos lo dicen todo: *Viudas y huérfanos, Muerto en combate, Los supervivientes.*

Spandauer Damm 10 • *kaethe-kollwitz.de* • 030 88 25 210 • €€ • Cerrado 24 y 31 de diciembre • U-Bahn: Uhlandstrasse

DÓNDE **COMER**

■ BIER'S KUDAMM 195
¿Te apetece una *currywurst*? Es uno de los pocos lugares de la ciudad que sirve esta famosa especialidad de comida rápida acompañada de champán. **Ku'damm 195, 030 88 18 942, €**

■ NENI BERLIN
Este restaurante conceptual, con otros locales en Europa, ofrece vistas panorámicas del zoo. Cocina israelí con especias asiáticas: falafel y platos para pedir juntos y compartir. **Budapester Str. 40, 030 12 02 21 200, €€**

■ PARIS BAR
Hasta la caída del Muro, fue un centro neurálgico de la prolífica escena artística de Berlín Occidental y, aún hoy, con su excelente menú francés, tiene un agradable ambiente bohemio. **Kantstraße 152, 030 31 38 052, €€€**

CHARLOTTENBURG

La Iglesia memorial del káiser Guillermo fue construida en memoria del primer emperador de la Alemania unificada.

Iglesia memorial del káiser Guillermo

4 En el oeste del **Ku'damm** (ver págs. 110-111), se encuentra uno de los espectáculos más dramáticos de Berlín Occidental: las ruinas de Kaiser-Wilhelm-Gedächtniskirche. Del edificio original, durante la Segunda Guerra Mundial, solo se salvaron el vestíbulo y la base de la aguja (mantenida a propósito con los daños causados por los bombardeos). Hoy en día se utilizan como **Sala de Conmemoración** y aquí se documenta la historia de la iglesia con paneles fotográficos, ilustraciones históricas, artefactos y objetos que sobrevivieron a los bombardeos. También hay varios mosaicos restaurados. Uno de ellos, en el suelo, representa al arcángel Miguel luchando contra el dragón.Los modernos edificios que se alzan a los lados fueron diseñados por el famoso arquitecto Egon Eiermann alrededor de 1950. Incluyen la octogonal **Iglesia Nueva** (Neue Kirche) y la **Torre Nueva** (Neue Turm). Entra y admira el efecto de las vidrieras de colores: hay 21 000 láminas, casi todas azules. También encontrarás una pila bautismal de aluminio, llena de perlas de mármol, y un imponente órgano. Sobre el altar verás una estatua de Cristo, una aleación de zinc y cobre similar al latón: fíjate en cómo brilla contra el azul de las vidrieras. En la pared noreste hay tres obras de arte: la *Virgen de Stalingrado*, un dibujo al carboncillo realizado en 1942 por Kurt Reuber, colocado aquí para recordar a los cientos de miles de soldados caídos en ambos frentes tanto alemán como ruso; una placa de bronce que conmemora a los mártires protestantes víctimas del régimen nazi (busca el crucifijo español del siglo XIII); y un icono de la Virgen María procedente de Volgogrado.

La torre adyacente, de 53 m de altura, es un campanario con seis campanas de bronce que suenan cada hora. Los sábados *a las 18:00 h* la iglesia acoge actuaciones musicales.

Breitscheidplatz • *gedaechtniskirche-berlin.de* • 030 21 85 023 • U-Bahn: Kurfürstendamm

KaDeWe

5 Formalmente se llama Kaufhaus des Westens (Grandes almacenes del Oeste), pero su nombre se abrevia: KaDeWe. Es un auténtico paraíso de las compras, el más grande de su tipo en Europa continental, y siempre está abarrotado: cada día pasan por aquí decenas de miles de visitantes. Cada una de sus ocho plantas está especializada en un tipo de artículo: productos de belleza y artículos de lujo, artículos para todos. Si eres goloso, sube en ascensor hasta la séptima planta, donde 30 mostradores sirven delicias, desde el *currywurst* hasta especialidades importadas de Italia. En la última planta hay un restaurante con capacidad para 1000 comensales, con ventanales, jardín de invierno y unas vistas espléndidas.

Tauentzienstraße 21-24 • *kadewe.de* • 030 21 210 • U-Bahn: Wittenbergplatz

UNA **CURIOSIDAD**

La *currywurst*, la respuesta alemana a la comida rápida extranjera, nació en este barrio. En 1949, Herta Heuwer, una vendedora de salchichas de Charlottenburg, comenzó a experimentar con nuevas salsas mientras esperaba a los clientes. Al verter curri y guindas en la salsa de tomate y mezclarlos con un chorrito de salsa Worcester, obtuvo una combinación secreta: el «Chillup». Fue un éxito inmediato. En el número 101 de la Kantstraße, una placa conmemora el acontecimiento.

CHARLOTTENBURG

Vista del salón central del KaDeWe, los grandes almacenes inaugurados en 1907.

Palacio de Charlottenburg

*Descubre los lujos que se permitían los miembros de la realeza
que residían en este lujoso palacio prusiano.*

La majestuosa fachada del Palacio Antiguo Palacio de Charlottenburg.

El Schloss Charlottenburg es la residencia real más grande que se conserva en
la capital alemana. Entre sus habitantes, a principios del siglo XVIII, estaba la
reina Sofía Carlota, segunda esposa del rey Federico I de Prusia, y, hacia 1750,
Federico II (Federico el Grande). Cuando visites el edificio y sus jardines con
muchas flores, estatuas y varias construcciones interesantes, te harás una idea
de cómo vivían en la corte de Brandeburgo-Prusia desde el período barroco
hasta principios del siglo XX.

■ PALACIO ANTIGUO

La entrada al Altes Schloss (€€€, *cerrado lu.*) se realiza desde el **Patio de Honor**, donde se alza la estatua ecuestre de Federico Guillermo I, hijo de Federico I. Antes de acceder al edificio, admira la monumental torre con cúpula de 50 m de altura, añadida entre 1710 y 1712 y visible desde kilómetros de distancia. Al entrar en la primera sala, verás algunas fotos que muestran cómo quedó el palacio tras sufrir graves daños durante la Segunda Guerra Mundial. El esplendor de las salas siguientes es fruto de una minuciosa restauración y solo una pequeña parte de la decoración, el mobiliario y las obras de arte repartidas por los dormitorios, los gabinetes personales, los estudios y las salas de audiencias sobrevivieron a los bombardeos. Encontrarás sobre todo objetos procedentes de otros palacios prusianos, entre ellos el **Palacio Real** (Berliner Schloss, ver recuadro de la pág. 119).

Entre los muchos tesoros de ambas plantas hay pinturas y retratos de los antiguos habitantes del palacio, de sus familiares reales y de sus amigos más queridos. Algunas salas tienen paredes enteras cubiertas de damasco y escritorios originales, mientras que otras cuentan con espléndidos

INFORMACIÓN **TURÍSTICA**

La mejor manera de visitar el Palacio de Charlottenburg es por tu cuenta, sin guías. Calcula al menos tres horas. La entrada a los jardines es gratuita y cada edificio tiene una entrada diferente. Puedes comprar un pase diario (€€€€) que te permitirá acceder a todos los edificios. Empieza por el Palacio Antiguo y el Ala Nueva, cuenta cuánto tiempo te queda para el resto del complejo.

tapices y bóvedas pintadas al estilo francés. Hay una sala con un harpa blanca de la época, que en su día tocaba Sofía Carlota. No te pierdas el impresionante **Mueble de Porcelana** (Porzellankabinett; sala 95), uno de los más antiguos y grandes de su tipo en Alemania, con 2700 porcelanas chinas de gran refinamiento, y la nueva **exposición permanente dedicada a la dinastía Hohenzollern**, con información histórica y las magníficas joyas de la corona, con las coronas de oro de Federico I y Sofía Carlota. En el ala occidental está la **Gran Orangerie** (Grosse Orangerie), utilizada hoy en día para eventos culturales y conciertos de música clásica. Se añadió posteriormente y debería haber tenido un edificio gemelo en el lado este del palacio, pero los planes de Federico el Grande eran diferentes.

CHARLOTTENBURG

■ ALA NUEVA

En el lado este del Palacio Antiguo, Federico el Grande mandó añadir un Neuer Flügel de estilo rococó (*€€€, cerrada lu.*). La primera parte de la construcción, con las salas diseñadas por el arquitecto real Georg Wenzeslaus von Knobelsdorff, se terminó en 1742 y la planta superior fue obra principalmente de Johann August Nahl; es precisamente la planta más interesante. A la izquierda, en lo alto de las escaleras, está el majestuoso

Deliciosas paredes decoradas con oro y estucos en el Palacio de Charlottenburg.

salón de banquetes, llamado **Weisser Saal** (Salón Blanco). Más adelante está la **Goldene Galerie** (Galería Dorada), un salón de fiestas de 42 m de largo con encantadoras paredes de color aguamarina. En las habitaciones privadas del rey hay un importante cuadro rococó de Antoine Watteau, *Einschiffung nach Kythera* (*Peregrinación a la isla de Citera*), de alrededor de 1718.

■ PABELLÓN NUEVO

Inmediatamente después, está el Neuer Pavillon (*0331 96 94 200, €€, cerrado de enero a marzo; de noviembre a diciembre, cerrado lu.; de abril a octubre, abierto solo do.*). Construido por el arquitecto prusiano Karl Friedrich Schinkel en 1825 como residencia de verano para el rey Federico Guillermo II, esta fascinante villa de estilo italiano fue reconstruida en 1970. Las antiguas estancias, distribuidas en dos plantas alrededor de una elegante escalera, contienen pinturas, muebles, obras de arte y porcelanas de la «época Schinkel». Detente y admira los románticos paisajes del propio Schinkel, pintor de talento además de arquitecto, y de sus contemporáneos Caspar David Friedrich, Karl Blechen y Eduard Gärtner.

Los jardines del Palacio son un magnífico ejemplo de arte paisajístico.

■ JARDINES DE PALACIO

Una de las principales atracciones es el Schlossgarten, que refleja la evolución histórica del palacio. La parte situada justo detrás del **Palacio Antiguo** (ver pág. 115) sigue el diseño original de estilo francés. En el resto del jardín se aprecia la remodelación de finales del siglo XVIII y principios del XIX, con el modelo inglés. Hacia el norte, está el **mausoleo** neoclásico (€, *cerrado de noviembre a marzo; de abril a octubre, cerrado lu.*), construido en 1810 para la tumba de la reina Luisa. Hay sarcófagos de mármol de otros miembros de la familia real, como el marido de la reina Luisa, el rey Federico Guillermo III, o el káiser Guillermo I y su esposa Augusta.

Más al norte está el **Belvedere** (€€, *cerrado temporalmente*), con sus tres plantas y vistas al Spree. Diseñado por Carl Gotthard Langhans, arquitecto de la **Puerta de Brandeburgo** (ver pág. 54), fue el salón de té del rey Federico Guillermo II. Entre los objetos en su interior destaca una colección de porcelana famosa en todo el mundo, con decoraciones en las paredes, y servicios de té de reyes prusianos. Todos ellos fabricados por la KPM (Königliche Porzellan-Manufaktur).

Spandauer Damm 10-22 • *spsg.de* • 03 31 96 94 200 • €€€€ • Cerrado lu., 24 y 25 de diciembre • U-Bahn: Richard-Wagner-Platz

La ciudad real

La época real de Berlín comenzó en 1701, cuando Federico III, duque de Prusia, se autoproclamó Federico I, rey de Prusia. Para dar forma a la capital y construir la residencia real, reunió cinco localidades: Berlín, Cölln, Friedrichswerder, Dorotheenstadt y Friedrichstadt. Desde entonces, hasta la caída de la monarquía en 1918, Berlín prosperó con el apoyo de soberanos.

**Federico el Grande, un soberano ilustrado, estudió música y literatura francesa y fue autor de textos y composiciones.
En página siguiente:
El Prinz-Heinrich-Palais en el Forum Fridericianum (litografía de W. Loeillot, 1840 aproximadamente).**

El Foro de Federico

La forma actual de Berlín es principalmente obra del nieto de Federico I, Federico II (llamado el Grande, 1740-1786). Una de sus primeras intervenciones se remonta a 1741. Se trata del Foro Fridericianum, nuevo centro científico y artístico del Reino de Prusia, diseñado por el arquitecto Georg Wenzeslaus von Knobelsdorff con una mezcla de estilos (neoclásico, barroco y rococó). Construido alrededor de la antigua Opernplatz (hoy **Bebelplatz;** ver pág. 60), el foro comprendía la Staatsoper, la catedral de Santa Eduvigis, la Zeughaus, el Kronprinzenpalais, el Opernpalais y el Prinz-Heinrich-Palais.

Arte y ciencia

El **Museo Antiguo** (ver recuadro de la pág. 75), el primer museo de Berlín, fue construido en 1830 por Karl Friedrich Schinkel, pero solo con Federico Guillermo IV (1840-1848), en 1841, una zona residencial se convirtió en la **Museumsinsel**, dedicada al arte y la ciencia.

También encargó la **Antigua Galería Nacional** y el **Museo Nuevo** (ver págs. 82-85). En la construcción de la isla participaron los arquitectos más importantes: Schinkel, Langhans, Knobelsdorff y Nering.

El último káiser

Guillermo II (1888-1918) era famoso por su conservadurismo y su aversión hacia la modernidad. Su arquitecto favorito era Ernst von Ihne, del que queda la iglesia neorrománica del **Memorial del káiser Guillermo** (ver págs. 112-113) y las estatuas de reyes situadas en un camino que lleva a la **Siegessäule** (ver pág. 99), que los berlineses rebautizaron con sarcasmo como *Puppenallee* («calle de las muñecas»). La derrota de Alemania en la Primera Guerra Mundial provocó una revuelta contra la monarquía y el káiser Guillermo II fue el último soberano alemán.

PALACIO REAL

La residencia invernal de los monarcas prusianos, el **Berliner Schloss**, fue construida en la **Museumsinsel** en el 1443. Sufrió modificaciones y ampliaciones a lo largo de los siglos, las más significativas a partir del 1701 con Federico I, rey de Prusia: gracias al arquitecto Andreas Schlüter, el palacio se convirtió en una de las residencias barrocas más espectaculares de Europa. Gravemente dañado durante la Segunda Guerra Mundial, fue demolido por la RDA en 1950. En 2012 comenzaron las obras que llevaron a la inauguración, en diciembre de 2020, del actual **Foro Humboldt** (ver págs. 76-77).

CHARLOTTENBURG

Mercados navideños

En Alemania, los mercados navideños son una institución que se remonta incluso a la Edad Media. Durante todo el Adviento se encienden las luces de los mercadillos y el aire se llena de aromas: galletas, salchichas y vino caliente. Las fechas varían cada año, consulta los sitios web para más información.

■ PALACIO DE CHARLOTTENBURG
Uno de los mercados más románticos de Berlín se celebra en el **Palacio de Charlottenburg** (ver págs. 114-117), con más de 150 puestos, muchos de ellos en carpas climatizadas y elegantes pagodas de cristal. Entre las atracciones: una noria, música en directo, coros y un mercado infantil, con tiovivos y una pequeña granja. Para la ocasión, los jardines del palacio cuentan con una iluminación especial.

Spandauer Damm 22 • U-Bahn: Richard-Wagner-Platz

■ MERCADO DE LOS GENDARMES
Este mercado, que se celebra en el barrio de Unter den Linden, entre las espléndidas catedrales **Deutscher Dom** y **Französischer Dom** en el **Mercado de los Gendarmes** (ver págs. 60-61), ofrece una gran cantidad de puestos y actividades. Junto a los habituales puestos de crepes y salchichas, hay especialidades gastronómicas de alto nivel, como las que ofrece **Lutter & Wegner**. Para los regalos, puedes elegir entre una variedad de objetos de artesanía. Hay eventos durante el fin de semana, desde espectáculos con fuego hasta gospel.

Gendarmenmarkt • *gendarmenmarkt berlin.de* • € • U-Bahn: Hausvogteiplatz

■ NAVIDAD EN EL TIERPARK
Disfruta de las luces a lo largo de las avenidas arboladas del Tierpark y sumérgete en un ambiente de cuento de hadas. Encontrarás una gran pista de patinaje sobre hielo y delicias navideñas. Lleva ropa impermeable y cortavientos para soportar mejor el invierno berlinés. No se admiten perros durante este período.

Acceso al zoo • *weihnachten-im-tierpark.de* • € • U-Bahn: Tierpark

Irresistibles dulces navideños en el Mercado de los Gendarmes.

■ Alt-Rixdorfer Weihnachtsmarkt

Otra experiencia única se puede vivir en el corazón del moderno Kreuzkölln, en las afueras de Kreuzberg. El pequeño pueblo bohemio de Rixdorf, con sus pintorescas casas medievales y sus calles empedradas, adquiere un ambiente aún más nostálgico durante tres días a principios de diciembre. Hay puestos con productos artesanales, aguardientes locales, paseos especiales en ponis alrededor de los establos y demostraciones de herreros.

Richardplatz 28 • U-Bahn: Karl-Marx-Straße

■ Lucia Weihnachtsmarkt en la Kulturbrauerei

Este mercadillo de estilo escandinavo tiene lugar en el patio empedrado de la **Kulturbrauerei**, en el barrio oeste de Prenzlauer Berg (ver pág. 126). Toma su nombre de la diosa nórdica de la luz y cuenta con numerosos puestos de temática nórdica. Se vende ponche noruego, especialidades de chocolate y artículos de diseño para el hogar. Hay muchos puestos donde comprar comida o regalos, pero también hay tiovivos e incluso una sauna.

Schönhauser Allee 36 • U-Bahn: Eberswalder Straße

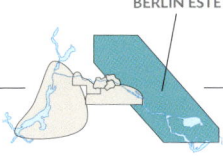

Berlín Este

Desde Londres hasta Nueva York, muchas ciudades tienen un «lado este», pero Berlín Este es la única que fue una ciudad independiente, capital de toda una nación durante décadas. Cuando se construyó el famoso Muro en 1961, barrios enteros quedaron dentro de la RDA y Berlín Oriental tuvo durante casi 30 años un desarrollo arquitectónico, social y político completamente diferente al de su contraparte occidental.

Tras la reunificación, los barrios de esta parte de la ciudad, Mitte, Prenzlauer Berg y Friedrichshain, fueron escenario de un renacimiento cultural y comercial sin precedentes. En la actualidad, es una zona exclusiva residencial, atravesada por amplias calles pavimentadas, edificios del siglo XIX, cafeterías, restaurantes y *boutiques* de moda. Pero si te adentras un poco más en los meandros de Berlín Este, descubrirás las fascinantes huellas de su reciente pasado comunista.

BERLÍN ESTE

◀ **Las torres de ladrillo rojo del Oberbaumbrücke vigilan desde lo alto lo que queda del Muro: la East Side Gallery.**

❶ Memorial del Muro de Berlín
(ver págs. 130-131). **Es el símbolo
más conmovedor que recuerda
la antigua división de la ciudad
y las víctimas relacionadas con ella.**
Continúa hacia el este por la
Oderberger Straße.

❷ Kulturbrauerei (ver pág. 126).
Un viaje a las raíces
decimonónicas de la industria
local a través de esta antigua
fábrica de cerveza reconvertida
en un complejo cultural con
tiendas, cines y locales. Dirígete
hacia el sur por Knaackstraße.

❸ Kollwitzplatz (ver pág. 127).
Lugar ideal para almorzar. Continúa
en dirección sureste por Wörther
Straße, luego Marienburger Straße
y finalmente Hufelandstraße,
hasta llegar a Am Friedrichshain.

**BERLÍN ESTE   DISTANCIA: 11,5 KM
DURACIÓN: 8 H APROX.   ESTACIÓN S-BAHN: NORDBAHNHOF**

Berlín Este

*Una visita a la parte de la ciudad donde las agradables calles
y las zonas residenciales se mezclan con vestigios de la Guerra Fría.*

❻ East Side Gallery (ver pág. 129).
En Mühlenstraße puedes disfrutar de la
exposición de arte al aire libre más grande
del mundo: los grafitis del famoso Muro
de la East Side Gallery.

❺ Avenida de Karl Marx
(ver pág. 128). Una avenida
monumental con
arquitectura de estilo
soviético. Toma el autobús
n.° 142 en dirección sur
cerca de la parada de
metro. Bájate en
Ostbahnhof y camina
hasta Mühlenstraße.

❹ Parque Público de Friedrichshain
(ver pág. 128). Entra en el parque por
Virchowstraße y pasea por sus 52 ha,
donde hay zonas para escalar, correr
y practicar *skateboarding*. Sal por
Friedenstraße y dirígete hacia el sur por
Platz der Vereinten Nationen,
luego Lichtenberger Straße, hasta la
Strausberger Platz.

La Kulturbrauerei es una antigua fábrica de cerveza convertida en centro cultural.

Memorial del Muro de Berlín

1 Ver págs. 130-131.

Bernauer Straße 111 y 119 • *berliner-mauer-gedenkstaette.de* • 030 21 30 85 123 • Centro de visitantes cerrado lu. • S-Bahn: Nordbahnhof

Kulturbrauerei

2 Este edificio de ladrillos rojos y amarillos construido en 1842 era una de las fábricas de cerveza más importantes de Berlín. Reformado en los años 90 del siglo xx, el complejo (25 000 m²) se ha convertido en un centro cultural y de ocio con cafeterías, tiendas, restaurantes y locales nocturnos. En los patios empedrados, en verano se celebran eventos para los más pequeños y conciertos de música clásica, y en invierno hay un **mercado navideño al estilo nórdico** (*Lucia Weihnachtsmarkt*; ver pág. 121).

Cuando llegues, puedes visitar la exposición permanente «Alltag in der DDR» (La vida cotidiana en la RDA; *Knaackstraße 97, hdg.de, 030 46 77 77 9-11, cerrado lu.*), de objetos, documentos, vídeos y grabaciones de audio originales de la época socialista de Berlín Oriental. Continúa con una visita a **Green Living** (*030 80 61 48 00*), con sus muebles ecosostenibles y socialmente responsables. En la antigua sala de calderas de la fábrica de cerveza, la **Kesselhaus**, se celebran conciertos. Para obtener información sobre citas y fechas, consulta el sitio web, pero solo si tienes algunos conocimientos de alemán, y si no es así, vete directamente al lugar.

Schönhauser Allee 36 • *kulturbrauerei.de* • U-Bahn: Eberswalder Straße

Kollwitzplatz

3 Corazón palpitante del barrio de Prenzlauer Berg, esta plaza toma su nombre de Käthe Kollwitz (1867-1945), artista y pacifista que vivió en esta zona a principios del siglo XX. Es un destino habitual para muchas familias, por sus tres zonas de juegos repartidas por el gran jardín central. La plaza está rodeada de casas del siglo XIX reformadas, en cuya planta baja hay cafeterías y locales. El tráfico es escaso, por lo que los niños pueden jugar mientras tú te relajas en una cafetería o vas de compras. En **Mundo Azul** (*Choriner Straße 49*) encontrarás libros ilustrados para niños en diferentes idiomas y en **OYE Records** (*Oderbergerstraße 4*) hay discos de vinilo nuevos y usados. Los sábados hay un histórico mercado de agricultores y los jueves están dedicados a los productos ecológicos. Esos días, la plaza está un poco más concurrida de lo habitual (ver pág. 153).

Kollwitzplatz • U-Bahn: Senefelderplatz

UNA **CURIOSIDAD**

Uno de los símbolos de Prenzlauer Berg es la Torre del Agua (**Wasserturm**) de Knaackstraße, conocida por los berlineses como *Dicker Hermann* (Hermann el Gordo). Construida en 1877 como depósito de agua para los residentes, es la más antigua de la ciudad y estuvo en funcionamiento hasta los años cincuenta. En la actualidad, hay apartamentos de lujo y un jardín que es una alternativa a Kollwitzplatz.

Una de las zonas de juegos de Kollwitzplatz, llena de niños.

DÓNDE **COMER**

■ CAFÉ SCHÖNBRUNN

En un pabellón del Volkspark Friedrichshain se encuentra esta cafetería de la época de la RDA que ofrece cocina austro-mediterránea. **Am Schwanenteich im Volkspark Friedrichshain, 030 45 30 56 525, €€€**

■ GUGELHOF

Es uno de los mejores locales de Kollwitzplatz y ofrece platos tradicionales de Alsacia, como la *Flammkuche* (tarta flambeada). **Knaackstraße 37, 030 44 29 22 9, €€**

■ KANAAN

Cocina auténtica mediterránea, como la que encontrarías en Jerusalén. **Schliemannstraße 15, 03045 95 68 01, €€**

Parque Público de Friedrichshain

4 El Volkspark Friedrichshain es el segundo más grande de Berín, después del Tiergarten (ver págs. 98-99). Durante el recorrido, no te pierdas dos monumentos conmemorativos de la época socialista. Al entrar, verás las columnas gemelas del **Monumento a los soldados polacos y antifascistas alemanes,** en memoria de los comunistas que lucharon contra el auge del nacionalsocialismo. Al salir del parque por la Friedenstraße, detente en el **Monumento a las Brigadas Internacionales de la Guerra Civil Española**, dedicado a los voluntarios comunistas que lucharon allí por la República (1936-1939). Las esculturas simbolizan bien, desde el punto de vista estilístico, el realismo socialista que impregnó todos los aspectos de la vida y la cultura durante los años de la Guerra Fría.

Am Friedrichshain 1 • U-Bahn: Strausberger Platz

Avenida Karl Marx

5 Esta monumental avenida, construida entre los años cincuenta y sesenta del siglo XX, es emblema de la arquitectura soviética de la posguerra, cuyo estilo se aprecia en los edificios a lo largo de sus 3,2 km. En el **Café Moskau** (*n.º 34*), diseñado por el arquitecto Josef Kaiser, te sumergirás en la atmósfera de la antigua RDA: desde la colección de obras de arte hasta su estructura modernista, o la fachada con un mosaico del realismo socialista hasta la figura del Sputnik lanzado al cielo. A lo largo de la avenida, el cine modernista **Kino International** (*n.º 33*), también obra de Josef Kaiser, es otro símbolo del régimen y de sus expresiones culturales. El edificio, cerrado por reformas, tiene previsto abrir sus puertas al público en 2026.

Karl-Marx-Allee • U-Bahn: Strausberger Platz

East Side Gallery

6 Se extiende a lo largo de 1,3 km por la Mühlenstraße, en la orilla derecha del Spree, y es la sección más larga del Muro que queda en pie. La East Side Gallery está cubierta por más de 100 murales de artistas de todo el mundo que, desde 1990, han venido aquí para expresar con imágenes su punto de vista sobre la caída del Muro de Berlín. Entre los más famosos: el Trabant que parece atravesar el muro, realizado por la alemana Birgit Kinder, y el beso «a la soviética» entre los dos líderes comunistas, Erich Honecker y Leonid Brezhnev, del ruso Dmitri Vrubel. Desde 2016, el **Museo del Muro** (*Mühlenstr. 78-80, thewallmuseum.com, 030 94 51 29 00, €€€*) completa la visita a la galería al aire libre con entrevistas, hallazgos y testimonios sobre los años del Muro y el impacto que tuvo en la vida de los berlineses. Más allá de la galería se ven las torres de ladrillo rojo del **Oberbaumbrücke**. El puente se utilizó como frontera real hasta la caída del Muro, por lo que es el punto final ideal de este recorrido por Berlín Este.

Mühlenstraße • *eastsidegallery-berlin.de* • U-Bahn: Warschauer Straße

BERLÍN ESTE

«Dios mío, ayúdame a sobrevivir a este amor fatal» es la leyenda de la obra de Dmitri Vrubel.

Memorial del Muro de Berlín

*Un trozo del antiguo Muro se ha convertido en parte
del Memorial como recuerdo de la división de la ciudad.*

La Ventana de la Memoria muestra los rostros de quienes murieron en su huída hacia el oeste.

El Gedenkstätte Berliner Mauer se extiende 1400 m por la Bernauer Straße, y es el lugar para comprender el alcance de las consecuencias físicas y psicológicas de uno de los fenómenos más traumáticos de todo el siglo xx. La frontera entre el este y el oeste dividió la Bernauer Straße, y separó durante casi treinta años a los habitantes de ambos lados de la calle. Esa línea está ocupada hoy por postes de acero que parten del centro de visitantes y recorren su trazado hacia el norte a través del Memorial.

■ EL CENTRO DE VISITANTES
Si empiezas por aquí, tendrás una visión general del Memorial y de las exposiciones. A la salida, no te pierdas la foto en el lateral del edificio de enfrente, que muestra la frontera entre las dos Alemanias en 1989.

■ LA VENTANA DE LA MEMORIA
Un retrato de las 136 personas que murieron a causa del Muro; el objetivo es rendir homenaje a cada víctima con una foto, un nombre, la fecha de nacimiento y de muerte, con los recuerdos personales y los detalles dejados por los transeúntes: flores, piedras y velas.

■ LA FRANJA DE LA MUERTE
En el **Centro de Documentación,** una exposición ilustra la historia de esta calle. Sube a la **plataforma** adyacente al Centro para tener una idea del Memorial en su conjunto. Verás una sección (70 m) de la instalación fronteriza, la franja de la muerte, con una torre de control de la STASI.

■ LA CAPILLA DE LA RECONCILIACIÓN
Con forma ovalada y revestida de listones de madera, se construyó para

UNA **CURIOSIDAD**

Una de las imágenes más famosas del Muro de Berlín, que cierra el recorrido, es la del «salto hacia la libertad» del joven de 19 años Conrad Schumann, militar del ejército de la RDA, que arriesgó su vida huyendo el 15 de agosto de 1961. Se le retrata saltando la alambrada que marcaba la línea divisoria, para ser recibido por los agentes de Alemania Occidental. El episodio tuvo lugar en la Bernauer Straße.

recordar la antigua iglesia que se alzaba aquí, demolida por el gobierno de la RDA en 1985 para la ampliación de la frontera. De martes a viernes, se celebra una misa a las 12:00 h en memoria de una de las víctimas del Muro.

■ LA CASA EN LA FRONTERA
Cerca de la capilla están los restos de una casa fronteriza y una pantalla de vídeo muestra la vida de los residentes y alguno de los intentos de fuga. Un recorrido trazado en la superficie señala la ubicación del **Túnel 57**, que permitió una de las fugas más audaces: un pasadizo subterráneo de 12 m de longitud por el que en 1964 escaparon 57 personas.

Bernauer Straße 111 y 119 • *berliner-mauer-gedenkstaette.de* • 030 21 30 85 123 • Centro de visitantes cerrado lu. • S-Bahn: Nordbahnhof

El encanto del este

Tras la caída del Muro, muchos habitantes de la antigua RDA se trasladaron a la zona oeste, pero hubo un movimiento contrario de creativos y promotores inmobiliarios que vieron en Berlín Este el escenario ideal para desarrollar sus posibilidades. Comenzó una batalla por los edificios, y con las ocupaciones ilegales se opusieron a las remodelaciones. El «duelo» no ha terminado.

En los años dorados de la Kunsthaus Tacheles, todas las superficies interiores y exteriores de la galería de arte estaban pintadas. En página siguiente: El enorme espacio expositivo de la Hamburger Bahnhof.

Los que decidieron explorar el este de la ciudad se quedaron en los barrios más cercanos al Muro: Mitte, Prenzlauer Berg y Friedrichshain, porque muchos edificios estaban vacíos (a nadie le gustaba vivir cerca de la frontera) y porque los precios eran bajos. Artistas, poetas y punks ocuparon viviendas, abrieron locales *underground* y galerías de arte improvisadas, sobre todo en edificios industriales abandonados, y los inversores inmobiliarios iniciaron una labor de regeneración urbana.

Choque de titanes

La subcultura berlinesa, hecha de grafitis y noches *techno* en los clubes, es ya legendaria y atrae constantemente a artistas y público, lo que contribuye de manera masiva a los ingresos económicos de la ciudad. Aunque los promotores inmobiliarios están tratando de quitarle terreno: en 2013, por ejemplo, la **Kunsthaus Tacheles**, un espacio ocupado y transformado en galería de arte en Mitte, fue cerrada para ser remodelada.

Esta galería, famosa por sus bares, su ambiente alternativo y sus paredes decoradas, fue uno de los centros neurálgicos de la escena artística berlinesa desde los años noventa, cuando algunos artistas la salvaron de la demolición. Su cierre fue todo un emblema del proceso de gentrificación que está transformando la parte este.

En los últimos años han surgido muchos complejos residenciales de lujo que literalmente dominan la East Side Gallery, y las protestas de los ciudadanos han servido de poco. Sin embargo, Berlín Este sigue siendo una de las capitales del arte, el diseño y la moda, con la diferencia de que los creativos han comenzado a trabajar en edificios nuevos y elegantes en lugar de antiguas fábricas o sótanos.

GALERÍAS IMPRESCINDIBLES

The Sammlung Boros
Espacio de arte contemporáneo en un antiguo búnker de la Segunda Guerra Mundial. **Reinhardtstraße 20,** *sammlung-boros.de,* **030 27 59 40 65, €€€,** con reserva, cerrado lu.

Hamburger Bahnhof
Una colección de arte contemporáneo y exposiciones temporales de artistas internacionales. **Invalidenstraße 50-51,** *smb.museum,* **030 26 64 24 242, €€€,** cerrado lu.

Sammlung Hoffmann
Colección de obras de arte del siglo xx. **Sophie-Gips-Höfe, Sophienstraße 21,** *sammlung-hoffmann.de,* **030 28 49 91 20, €€€,** visitas guiadas solo sá. de 11:00 a 16:00 h.

Los lugares del arte...

Gracias a la emocionante mezcla de locales *underground* y galerías independientes, la zona de Mitte, entre Torstraße, Alte Schönhauser Straße y Oranienburger Straße, antes conocida como Spandauer Vorstadt, sigue siendo el centro neurálgico de la ciudad en lo que a arte se refiere. La **Auguststraße** es conocida extraoficialmente como «la milla del arte» de Berlín, por la larga serie de galerías que se suceden por ella. El **KW Institute for Contemporary Art** (*Auguststraße 69, kw-berlin.de, 030 24 34 59 132, €€, cerrado ma.*) propone sobre todo artistas y obras rompedoras, la nueva frontera de la contemporaneidad. En el número 26 está la galería **EIGEN + ART** (*eigen-art.com, 030 28 06 605, precio según las exposiciones, cerrado do. y lu.*), que fue fundada en Leipzig y protagonista de la escena contemporánea berlinesa desde los años noventa; aquí se valora el trabajo de artistas ya conocidos y jóvenes promesas en los diferentes lenguajes del arte (conceptual, vídeo, instalaciones...).

RAW-Tempel Gelände acoge los domingos un concurrido mercadillo.

... y de la moda.

La moda en Berlín es algo serio. Existen las semanas de la moda (en enero y julio), durante las cuales hay eventos por toda la ciudad. Los barrios del este han sido una cantera de diseñadores en continuo ascenso, como **Claudia Skoda** (*Alte Schönhauser Straße 35, claudiaskoda.com*). Aunque sus inicios se remontan a los años 70, sus creaciones se han mantenido a la vanguardia. Entre otros nombres están Alexandra Fischer-Roehler y Johanna Kühl (*Linienstraße 44, kaviargauche.com, cerrado lu.*), que en 2005 lanzaron la marca **Kaviar Gauche**, una línea elegante y femenina que destaca en los vestidos de novia. Entre las *boutiques* más interesantes de la Alte Schönhauser Straße está **Rebecca Concept Store** (*Alte Schönhauser Straße 41, rebecca-berlin.de, 030 34 62 07 80, cerrado do.*), que ofrece una selección exclusiva de piezas de diseño y prendas de moda femenina.

El interior del Berghain en Friedrichshain.

La noche en los clubes

Lugar de reunión de okupas y anarquistas durante los años noventa del siglo XX, el barrio de Friedrichshain ha resistido las oleadas de regeneración urbana de los últimos años. El Boxhagener Platz, rodeada de galerías de arte, tiendas y cafeterías. Si quieres bailar *techno*, este es el lugar ideal. El **Berghain** (*Am Wriezener Bahnhof, berghain.berlin*) es la discoteca por excelencia. El **RAW-Tempel Gelände** (*Revaler Straße 99*), un proyecto urbano sostenible en un antiguo depósito ferroviario, tiene varios locales: desde el **Lokschuppen Berlin** (*lokschuppen-berlin.com, €€, cerrado de lu. a mi.*) hasta el **Cassiopeia** (*cassiopeia-berlin.de*). En el mismo complejo está la **Astra Kulturhaus** (*030 20 05 67 67, astra-berlin. de*), con interiores de estilo RDA, y la discoteca más pequeña del mundo, **Teledisko**, una cabina telefónica abandonada.

Los Biergarten

En los meses de primavera y verano, a los berlineses les encanta pasar la tarde o la noche bebiendo cerveza en el agradable ambiente de los Biergarten.

Tú también puedes aprovecharlo y relajarte en uno de estos oasis verdes, donde sirven, además, muchas otras bebidas y aperitivos tradicionales.

■ PRATER

El Prater de Prenzlauer Berg es toda una institución en Berlín, ya que existe desde mediados del siglo XIX.

No esperes un ambiente elegante: hay bancos y mesas de madera y quioscos de autoservicio donde comer salchichas, sopas, *pretzels* y ensaladas. Si quieres pasar por un berlinés más, pide una Prater Pils; si no, bebe una Berliner Weisse, que sirven acompañada de un chupito de sirope rojo o verde.

Kastanienallee 7-9 • *pratergarten.de* • 030 44 85 688 • € • Cerrado de octubre a marzo • U-Bahn: Eberswalder Straße

■ CAFÉ AM NEUEN SEE

Es el más parecido a los bávaros, situado en un pequeño lago en el barrio de Tiergarten, muy frecuentado, sobre todo en verano. Los *pretzels* bávaros y el *Leberkäse* (pastel de carne tradicional bávaro) son un gran clásico, pero también hay *pizza*. Para conseguir un sitio a la sombra, conviene llegar temprano, ya que atrae a muchas familias con niños.

Lichtensteinallee 2 • *cafeamneuensee.de* • 030 25 44 930 • €€ • S-Bahn: Tiergarten

■ SCHLEUSENKRUG

Una de las cervecerías al aire libre más populares de Tiergarten, con vistas al Landwehrkanal, el canal navegable que discurre desde Friedrichshain hacia el este, en dirección a Kreuzberg, y hacia el oeste, en dirección a Tiergarten. Prueba una de sus cervezas de barril y relájate viendo pasar los barcos.

Müller-Breslau-Straße 14B • *schleusenkrug.de* • 030 31 39 909 • €€ • S-Bahn: Tiergarten

■ GOLGATHA

En el Viktoriapark de Kreuzberg, el Golgatha es ideal para todos los paladares. Además de tomar una

Los turistas que visitan Tiergarten hacen una parada en el Biergarten Schleusenkrug.

cerveza, puedes desayunar, tomar un café, degustar una tarta a la hora de la merienda o saborear un cóctel como aperitivo. A mediodía ofrecen platos a la parrilla, sopas y ensaladas. Y los viernes y sábados por la noche también se puede bailar.

Entradas: Katzbachstraße, Dudenstraße, Kreuzbergstraße • *golgatha-berlin.de* • 030 78 52 453 • € • Cerrado de octubre a marzo • U-Bahn: Platz der Luftbrücke

■ BRAUHAUS SÜDSTERN

Esto sí que hay que probarlo: una cervecería al aire libre con fábrica propia de cerveza. Situada al final del Volkspark Hasenheide, en Kreuzberg, es un lugar muy tranquilo y las raciones son siempre abundantes.

Hasenheide 69 • *brauhaus-suedstern.de* • 030 69 00 16 24 • € • U-Bahn: Südstern

■ LUISE

Situado a poca distancia del **Jardín Botánico** (ver pág. 161) de Dahlem, es un Biergarten con un ambiente muy relajado, ideal para familias y con un menú compuesto por clásicos alemanes a la parrilla.

Königin-Luise-Straße 40-42 • 030 84 18 880 • € • U-Bahn: Dahlem-Dorf

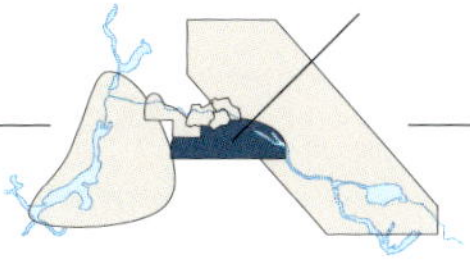

Schöneberg y Kreuzberg

Cada barrio de los diversos distritos occidentales de Berlín, en especial los céntricos, tiene su propia identidad, forjada a lo largo de los años por los acontecimientos del pasado. De oeste a este, el encanto de las plazas de Schöneberg deviene en un ambiente relajado en Kreuzberg Oeste, y se convierte en una explosión de vida y colores en Kreuzberg Este. Schöneberg fue el lugar de los encuentros entre los intelectuales de izquierda durante los años de Weimar, mientras que los inmigrantes turcos que contribuyeron a la reconstrucción de la ciudad y a la recuperación de la economía tras la guerra se establecieron en Kreuzberg. Hoy en día que la vida en zonas del centro es más cara, aquí han llegado artistas y se respira un ambiente más bohemio.

◀ Kreuzberg es famoso por las fachadas pintadas de sus edificios. En este balcón, un «Bienvenido» en turco.

Schöneberg y Kreuzberg

Un viaje por las diferentes almas de la cultura de la ciudad,
para ver los monumentos más bellos y respirar el aire de cada barrio.

❶ **Barrio bávaro** (ver pág. 142). **Para explorar el barrio bávaro, dirígete hacia el sur desde Viktoria-Luise-Platz, en Schöneberg, hasta Bayerischer Platz, atravesando estas tranquilas calles residenciales. Continúa hacia el sur hasta John-F.-Kennedy-Platz.**

❷ **Ayuntamiento de Schöneberg** (ver págs. 142-143). **Aquí,** el presidente de los Estados Unidos John F. Kennedy pronunció su discurso en apoyo de Alemania Occidental y de Berlín. Toma el metro (U4) y cambia de línea en Bayerischer Platz (U7) hacia Yorckstraße.

❸ **Parque Victoria** (ver págs. 143-144). Admira las cascadas y las magníficas vistas del parque y sal por el lado norte. Vete a pie hasta Bergmannstraße (al este) y luego a Kreuzberg.

❹ **Kreuzberg Oeste** (ver pág. 144). Esta zona está repleta de tiendas, bares y restaurantes, sobre todo por Bergmannstraße y sus alrededores. Cruza el Landwehrkanal por Lindenstraße.

SCHÖNEBERG Y KREUZBERG
DURACIÓN: 8 H APROX.

DISTANCIA: 10,5 KM
ESTACIÓN U-BAHN: VIKTORIA-LUISE-PLATZ

5 **Museo Judío** (ver págs. 148-149). El edificio revestido de láminas de zinc diseñado por Daniel Libeskind es la sede perfecta para este museo. Sigue por Lindenstraße, gira primero a la derecha y luego a la izquierda por Alte Jakobstraße.

6 **Galería Berlinesa** (ver pág. 145). Antes de admirar las obras de los principales artistas berlineses desde 1870 hasta la actualidad, haz una pausa en la cafetería del museo. Continúa hacia el norte por la Alte Jakobstraße hasta la Oranienstraße y luego hacia el este hasta Kottbusser Tor.

8 **Kreuzkölln** (ver págs. 146-147). Pasea por el Landwehrkanal en Maybachufer hacia el sur y llegarás a Kreuzkölln, una de las zonas más modernas de Berlín. Solo tienes que elegir dónde descansar y tomar algo para terminar el día.

7 **Kottbusser Tor** (ver pág. 146). El ambiente alrededor de Kottbusser Tor es electrizante tanto de día como de noche. Déjate llevar y prueba algún plato turco o de Oriente Medio. Vuelve al canal por Kottbusser Damm.

Albert Einstein vivió en el Bayerisches Viertel de 1918 a 1933.

SCHÖNEBERG Y KREUZBERG

Barrio bávaro

1 En el centro del elegante Bayerisches Viertel de Schöneberg está **Viktoria-Luise-Platz** que ha conservado la estructura geométrica original de finales del siglo XIX cuando toda la zona se convirtió en uno de los centros culturales más importantes de la República de Weimar (ver págs. 64-65). Desde la fuente central parten los caminos que atraviesan los jardines cuya perfecta geometría se aprecia paseando bajo la columnata a un lado de la plaza. Muchas personalidades han vivido aquí: el director Billy Wilder (*n.º 11*) cuando era un joven guionista; Albert Einstein, que vivió en el n.º 8 de la Haberlandstraße, y Erich Fromm, filósofo y psicoanalista que vivió en la **Bayerischer Platz**, más al sur (*n.º 1*). Por estas calles verás carteles con dibujos colgados de las farolas: barras de pan, bastones y otros. Las inscripciones detrás de cada cartel son versiones simplificadas de las prohibiciones impuestas por las leyes raciales contra los judíos por parte de los nazis en los años treinta: «Los judíos de Berlín pueden comprar alimentos de 16:00 a 17:00 h» o «Los médicos judíos ya no pueden ejercer». Se conocen como **Orte des Erinnerns** (lugares de la memoria): ochenta carteles expuestos para recordar y reflexionar sobre la persecución de los judíos, que en esta zona eran unos 16 000 antes del Holocausto.

Entre Viktoria-Luise-Platz y Bayerischer Platz • U-Bahn: Viktoria-Luise-Platz

Ayuntamiento de Schöneberg

2 El Rathaus Schöneberg, sede del gobierno de Berlín Occidental entre 1948 y 1990, está ubicado en la John-F.-Kennedy-Platz, dedicada al presidente estadounidense tras su

asesinato. Fue aquí donde Kennedy pronunció la histórica frase
«*Ich bin ein Berliner*» («Soy berlinés») durante el discurso
pronunciado el 26 de junio de 1963 en señal de solidaridad con la
ciudad traumatizada por la construcción del Muro. En el interior
del edificio, además de monumentales escaleras y amplios pasillos,
en su mayoría reconstruidos, se exponen pinturas antiguas,
un busto de Friedrich Ebert, primer presidente alemán, y la
excepcional vista desde la **torre del reloj** (*solo con visita guiada*),
donde hay una réplica de la **Campana de la Libertad** (donada por
los Estados Unidos a la ciudad en 1950). También hay una
exposición permanente titulada «**Un tiempo fuimos vecinos.
Biografías de testigos judíos contemporáneos**» (*cerrada vi.*),
dedicada a las vidas de más de 170 judíos que vivieron en esta zona
desde principios de siglo hasta después de la Segunda Guerra
Mundial; cada año aborda un tema específico, como las biografías
de mujeres o los actos de resistencia. En
John-F.-Kennedy-Platz hay un mercado
de alimentos los martes por la mañana,
y sábados y domingos tiene lugar un
mercadillo de segunda mano que atrae
a muchos berlineses (ver pág. 152).

John-F.-Kennedy-Platz • 030 90 27 70 •
U-Bahn: Rathaus Schöneberg

Parque Victoria

3 Viktoriapark, en Kreuzberg Oeste,
está dominado por el Monumento
Nacional Prusiano, obra de Friedrich
Schinkel para celebrar la victoria en la
guerra de liberación contra Napoleón.
A los pies se encuentra una cascada
artificial de 24 m de altura que llega hasta
el nivel de la calle (solo está activa en
verano). En las laderas sur hay dos viñedos,

**La cascada de Viktoriapark y el monumento
que da nombre a Kreuzberg.**

uno de los cuales produce unas 200 botellas de vino al año. Cerca está el Golgatha, un popular Biergarten (*cerrado de octubre a marzo*;ver págs. 136-137). Si estás por aquí a finales de verano, no te pierdas los Kreuzberger Festliche Tage, una feria que se celebra entre finales de agosto y principios de septiembre con música, parque de atracciones y eventos.

Viktoriapark • U-Bahn: Yorckstraße

DÓNDE **COMER**

■ **BRLO BRWHOUSE**
El paraíso para los amantes de la cerveza: una cervecería (que se puede visitar), restaurante, Biergarten, de estructura modular, que se puede desmontar y volver a montar en cualquier lugar (de hecho, ¡en unos años cambiará de ubicación!). **Schöneberger Straße 16, 030 55 57 76 06, €€**

■ **RENGER PATZSCH**
Uno de los mejores locales de Schöneberg: interiores de madera, menú diferente cada día y platos tradicionales. Sin olvidar el excelente servicio. **Wartburgstraße 54, 030 78 42 059, €€€**

■ **UFERPAVILLON**
El quiosco no es muy pretencioso, pero la ubicación junto al canal es muy pintoresca. El menú varía cada día y ofrece, entre otras cosas, *schnitzel* (escalope) y patatas fritas, pescado en costra de verduras con arroz o gofres calientes y crujientes. **Uferpromenade, Paul-Lincke-Ufer 4, €**

Kreuzberg Oeste

4 El barrio, apodado «61» por los lugareños debido a su código postal antes de la reunificación de Berlín, es una zona más tranquila que su homólogo oriental, SO36 (ver pág. 146). Bergmannstraße ejemplifica este ambiente relajado, que puedes disfrutar con un paseo. En el **Markthalle am Marheinekeplatz** (*Marheinekeplatz 15, meine-markthalle.de, 030 50 56 65 36, cerrado do.*) puedes encontrar alimentos y productos frescos de alta calidad. Es el lugar ideal para tomar un aperitivo o almorzar en un restaurante, en una de las cafeterías o eligiendo algo de los distintos puestos. Como alternativa, prueba el **Barcomi's Café** (*Bergmannstraße 21, en.barcomis.de, 030 612 037 32*). La oferta incluye desayunos y *bagels* al estilo americano y una amplia selección de cafés tostados en casa.

Bergmannstraße y alrededores • U-Bahn: Gneisenaustraße

Museo Judío

5 Ver págs. 148-149.

Lindenstraße 9-14 • *jmberlin.de* • 030 25 99 33 00 • €€ (exposiciones temporales) • Cerrado Rosh Ha-Shanah, Yom Kippur y 24 de diciembre • U-Bahn: Kochstraße/Checkpoint Charlie

Las escaleras que conducen a la exposición permanente se cruzan en la sala de la planta baja de la Galería Berlinesa.

Galería Berlinesa

6 Moderna, amplia y renovada, la Berlinische Galerie alberga obras de arte moderno, fotografía y arquitectura realizadas en Berlín. La planta baja de este antiguo almacén de cristal está reservada a exposiciones temporales y en la planta superior expone 250 obras de pintura, escultura y gráfica que recorren los movimientos artísticos alemanes desde 1870 hasta la actualidad, con importantes colecciones de dadaísmo, del movimiento artístico de nueva objetividad, arte informal y pintura figurativa de los años sesenta y setenta. Entre los artistas expuestos están Max Liebermann, Felix Nussbaum, Otto Dix y George Grosz. El museo alberga una de las colecciones de fotografía artística más importantes de Alemania. La elegante cafetería, el **Café Dix,** es el lugar ideal para hacer una pausa y consultar el programa de exposiciones, actividades educativas y proyecciones previstas.

Alte Jakobstraße 124-128 • *berlinischegalerie.de* • 030 78 90 26 00 • €€ • Cerrado ma., 24 y 31 de diciembre • U-Bahn: Kochstraße

Una de las primeras teteras eléctricas, diseñada por Peter Behrens para AEG, se expone en el Museo de las Cosas.

Kottbusser Tor

7 La parte de Kreuzberg Este, conocida como SO36, es más básica que la **parte oeste** (ver pág. 144), con un aire más auténtico debido al bullicio. El barrio gira en torno a Kottbusser Tor, una plaza que se ha ganado el sobrenombre de «**pequeña Estambul**» desde que, en los años 50, un gran número de turcos se instaló en esta zona. Programa tu visita para el martes o el viernes por la tarde, que es cuando en la **Maybachufer**, en la orilla sur del Landwehrkanal, se celebra el mercado turco (ver pág. 152). Al norte de Kottbusser Tor, hay muchas tiendas, restaurantes y cafeterías por la Oranienstraße, en la que destaca el legendario **SO36** (Oranienstraße190, so36.com, 030 61 40 13 06), el lugar del *punk rock* y la nueva ola desde los años setenta. Un poco más allá estaba el *Museo de las Cosas* (Museum der Dinge; Leipziger Straß 25, museumderdinge.de, 030 92 10 63 11, €€, cerrado ma. y mi.), que ahora se ha trasladado al barrio de Mitte. En la nueva sede conocerás la historia del diseño «made in Germany» a través de decenas de objetos, desde los más comunes hasta los más curiosos. En verano, Moritzplatz acoge el «*Prinzessinnengarten*» (*Moritzplatz, prinzessinnengarten-kreuzberg. net, consulta la página web*), un proyecto de recuperación urbana mediante la instalación de huertos y jardines en zonas urbanas.

Cruce entre Skalitzer Straße y Kottbusser Damm • U-Bahn: Kottbusser Tor

Kreuzkölln

8 El nombre Kreuzkölln, zona situada inmediatamente al sur del Landwehrkanal, fue acuñado por los berlineses a partir de la unión de Kreuzberg, al oeste, y Neukölln, al sur. En este distrito se

respira un ambiente a la vez local y *chic-bohemio*, gracias a
la multitud de *boutiques*, galerías de arte y bares de cócteles, a veces
reunidos en un solo lugar, como es el caso del **Sing Blackbird**
(*Sanderstraße 11*), donde hay prendas *retro* de los años setenta
a noventa, se puede comer comida vegana en servicio rápido en
la cafeteríade al lado y, a veces, asistir a una exposición o ver una
película. Un poco más al sur está **Weserstraße**, una de las calles más
de moda de Neukölln. En este barrio, que desde hace unos años
es cada vez más solicitado y con alquileres cada vez más altos,
los locales turcos de *döner* compiten con enotecas y bares de vinos
con clase, como el **Vin Aqua Vin** (*Weserstraße 204, vinaquavin.de,
030 94 05 28 86*), o el **café Ä** (*Weserstraße 40, ae-neukoelln.de, 0176
631 605 53*), cuyo interior un poco tosco atrae a una clientela
moderna pero informal para disfrutar de conciertos o lecturas.

Al este de Kottbusser Damm • U-Bahn: Schönleinstraße

El café Ä, en Neukölln, es emblemático del ambiente desenfadado y moderno del barrio.

Museo Judío

*El Museo Judío de Berlín narra los horrores del Holocausto
y recorre la historia de las relaciones entre alemanes y judíos
antes y después de aquellos trágicos acontecimientos.*

El exterior del museo de Libeskind parece duro y anguloso, como si desafiara al visitante a entrar.

Diseñado por el arquitecto estadounidense Daniel Libeskind, el Jüdisches
Museum es un edificio geométrico, pero irregular, revestido de zinc,
con aberturas en las paredes a modo de ventanas. Desde el Collegienhaus,
el antiguo edificio del siglo XIX sede de conciertos y eventos desde el que se
accede, un oscuro pasillo de pizarra conduce a tres pasillos subterráneos
llamados «ejes»: construidos expresamente en oblicuo, contienen objetos y
documentos que ilustran 2000 años de historia del pueblo judío en Alemania.

Desde el edificio barroco contiguo, baja hacia los tres pasillos del museo. A continuación, te sugerimos el orden en el que recorrerlos.

■ EJE DEL HOLOCAUSTO

Las vitrinas, escasamente iluminadas, contienen los objetos personales de quienes murieron durante el Holocausto y dan testimonio de quienes sobrevivieron. Entre otros, hay recuerdos personales de Leo Scheuer, que escapó de los nazis escondiéndose en un agujero bajo tierra durante quince meses, y las cartas que se intercambiaron Aimee y Jaguar, dos homosexuales judías alemanas.

■ UN «VACÍO»

Al final del Eje del Holocausto se alza la **Torre del Holocausto**, un espacio vacío y vertical, con una pequeña abertura en la parte superior que deja entrar un poco de luz y ruido. En una de las paredes hay una escalera metálica inaccesible. Frío y oscuro, este espacio crea malestar y cautiverio. Libeskind define la torre como un «vacío», escasamente iluminados por algunas grietas en la pared. Muchos, inaccesibles al público, representan la ausencia de los judíos.

■ EJE DEL EXILIO

Un recorrido irregular se estrecha progresivamente hasta terminar en el **Jardín del Exilio**, formado por 49 columnas de hormigón sobre un terreno inclinado. La instalación representa la alienación del exilio.

■ EJE DE LA CONTINUIDAD

Es el más largo de los ejes y contiene la renovada exposición principal: la vida de los judíos en Alemania en el pasado y en el presente. La exposición narra las bases de la religión y la cultura judías a través de objetos rituales o de uso cotidiano, y otra sala profundiza en el aspecto musical. El recorrido histórico se divide en cinco capítulos, con énfasis en la posguerra.

Una sección está dedicada a exposiciones temporales y para los niños hay Anoha (*Fromet-und-Moses-Mendelssohn-Platz, anoha.de*), un museo que contiene el arca de Noé.

SCHÖNEBERG Y KREUZBERG

Lindenstraße 9-14 • *jmberlin.de* • 030 25 99 33 00 • €€ (exposiciones temporales) • Cerrado en Rosh Ha-Shanah, Yom Kippur y 24 de diciembre • U-Bahn: Kochstraße/Checkpoint Charlie

La ciudad de las diferencias

En Berlín, casi 800 000 residentes, un 21 %, no han nacido en Alemania. Son más de 190 los países representados por estos berlineses, la mayoría proceden de Polonia, Siria y Turquía. Si paseas por el centro, oirás hablar alemán, pero basta con desplazarse un poco más al sur o al este para darse cuenta de que muchas conversaciones son en turco o vietnamita.

Algunos ghaneses bailan en las calles durante el Carnaval de las Culturas.
En página siguiente:
Una berlinesa compra algunas especialidades turcas en el mercadillo que se celebra dos veces por semana por toda Maybachufer, en Kreuzberg.

Trabajadores invitados

Desde los años 50, Alemania Occidental fue escenario de una fuerte inmigración. Muchos fueron invitados por el Gobierno como *Gastarbeiter* (trabajadores invitados), tanto para compensar la pérdida de mano de obra debido al conflicto mundial como para apoyar el *Wirtschaftswunder* (el milagro económico) de los años sesenta y setenta. En el marco estratégico de la Guerra Fría, el auge económico de Alemania fue respaldado por el Plan Marshall, el programa de ayuda económica estadounidense para la reconstrucción de Europa. El flujo de inmigrantes más importante llegó de Turquía a partir de octubre de 1961. Al principio, el permiso de trabajo estaba limitado por el Gobierno alemán a un año y se aplicaron restricciones en cuanto a vivienda, escolarización y reunificación familiar. Tras varias décadas, muchos obtuvieron la nacionalidad y se establecieron en Berlín con sus familias. Hoy en día, la comunidad turca sigue siendo la más numerosa, aunque en los años ochenta se registró una segunda ola de inmigración, procedente de Europa del Este: sobre todo personas de origen alemán que llegaron de Rumanía, Polonia y, posteriormente, de todos los países de la antigua Unión Soviética.

Un patrimonio cultural

Las casi 200 nacionalidades diferentes que conviven en Berlín forman un crisol en los distritos que históricamente han acogido a los inmigrantes: Kreuzberg, Tiergarten, Neukölln y Schöneberg. Las calles tienen una arquitectura occidental, pero los letreros y los escaparates de las tiendas ofrecen diversidad. En mayo, durante cuatro días, se celebra el *Carnaval de las Culturas* (Karneval der Kulturen; *karneval.berlin*), en el que se festejan las diferencias con eventos y desfiles por las calles de Kreuzberg.

COMIDA **ÉTNICA**

Cô Cô-Bánh Mì Deli Pequeño restaurante vietnamita en el distrito de Mitte, famoso por sus *baguettes* rellenas de carne o verduras (*banh mi*). **Rosenthaler** Straße 2, 030 55 87 59 98, €

Defne Cocina turca con vistas al Landwehrkanal. **Planufer 92c, 030 81 79 71 11, €€**

Maly Ksiaze Raviolis polacos dulces o salados (*pierogi*) en el corazón de Kreuzberg. **Lilienthalstraße 6, 030 62 90 80 68, €**

Maroush Comida libanesa tradicional a precios razonables. **Adalbertstraße 93, 030 69 53 61 71, €**

Los mercadillos

Casi todos los barrios de Berlín tienen su propio mercadillo, donde se venden productos frescos, comida preparada, muebles usados y mucho más.

Los que están cerca del centro de la ciudad son los más concurridos, aunque los puestos de comida de los mercadillos de Mauerpark y Winterfeldtplatz también atraen a muchos amantes de la gastronomía y lo *vintage*.

■ SCHÖNEBERG
Existe desde 1990, cuando solo contaba con un par de puestos; hoy hay más de 200 y se reúnen todos los sábados (*de 08:00 a 16:00 h*) y miércoles por la mañana (*de 08:00 a 14:00 h*) en **Winterfeldtplatz** (*winterfeldtplatz.winterfeldt-markt.de*). **John-F.-Kennedy-Platz** (ver pág. 142) acoge un mercado de alimentos los martes (*de 08:00 a 13:00 h*), y los sábados y domingos hay un concurrido mercadillo (*de 08:00 a 16:00 h*).

■ KREUZBERG
Para saborear el ambiente de un auténtico bazar turco, no te pierdas el mercado de los martes y viernes en **Maybachufer**, junto al Landwehrkanal (*de 11:00 a 18:30 h*). **Markthalle Neun** (*Eisenbahnstraße 42/43, markthalleneun. de, cerrado do.*) acoge un mercado de agricultores y productos alimenticios

(*de ma. a vi., de 12:00 a 18:00 h, y sá., de 10:00 a 18:00 h*), de comida callejera, los jueves tarde-noche (*de 17:00 a 22:00 h*) y eventos gastronómicos.

■ MITTE
Durante los fines de semana, en la zona central de Mitte, entre Schlossbrücke y la Museumsinsel, se celebra un mercadillo de arte (*de 10:00 a 16:00 h*) con libros, fotografías y pinturas. Los fines de semana hay un mercadillo con unos 60 puestos (*de 11:00 a 17:00 h*) cerca del Bode-Museum (ver recuadro de la pág. 75), a orillas del río. En el mercado que se celebra dos veces por semana en **Hackescher Markt** (*ju. de 09:00 a 18:00 h, sá. 10:00 a 18:00 h*) encontrarás de todo.

■ CHARLOTTENBURG
Es uno de los mercadillos más famosos y concurridos de los fines de semana

Todos los domingos, el mercadillo de Mauerpark es destino de muchos aficionados.

en la Straße des 17. Juni (*de 10:00 a 17:00 h*). Encontrarás antigüedades, vinilos y obras de arte: los precios no son precisamente baratos, pero el ambiente es excepcional.

■ PRENZLAUER BERG

Los jueves en **Kollwitzplatz** (*de 12:00 a 19:00 h*) hay un mercado ecológico de gran calidad con productos vendidos por granjas de Brandeburgo, perfectos para hacer un pícnic. Los domingos, a los berlineses les encanta pasear por el mercadillo de **Mauerpark** (*Bernauer Straße 63-64, flohmarktimmauerpark.de, de 10:00 a 18:00 h*) en busca de ropa, discos y objetos antiguos. También los domingos hay el mercadillo en **Arkonaplatz** (*de 10:00 a 18:00 h*), con objetos *vintage* y modernistas.

■ FRIEDRICHSHAIN

El ambiente del mercadillo de alimentos de los sábados en **Boxhagener Platz** (*de 9:00 a 15:30 h*) es alegre y relajado. Algunos vienen aquí expresamente para comer platos preparados y cocinados en el momento, como los *gözleme* turcos (pasteles salados), pescado a la parrilla y *bruschettas*. En la misma plaza, los domingos está el mercadillo de segunda mano (*de 10:00 a 18:00 h*) donde hay vinilos, joyas, libros y objetos *vintage*.

Dahlem
y el oeste

Los verdes barrios del oeste de Berlín siempre son una delicia y una sorpresa para los visitantes, especialmente en verano. Nada más entrar en Charlottenburg se alza el imponente Olympiastadion, primer proyecto arquitectónico emprendido por los nazis y símbolo de su poder opresivo. Desde el estadio, en dirección sur, se extiende el bosque de Grunewald, con caminos para peatones y ciclistas y bañado por el Grunewaldsee. A orillas del lago está el Jagdschloss Grunewald, un castillo de caza del siglo XVI que conserva pinturas del Renacimiento alemán. Al oeste del edificio discurre el río Havel, donde se practican numerosas actividades, y también se ubica el barrio de Wannsee; al este, el tranquilo Dahlem, con un excelente museo, mercados los sábados y jardines de cuento.

DAHLEM Y EL OESTE

❰ Yates y kayaks surcan las aguas del Grunewaldsee en busca de rincones paradisíacos.

Dahlem y el oeste

Un paseo por la zona oeste de Berlín, entre los vestigios de un pasado convulso, pero con un magnífico museo y exuberantes jardines botánicos.

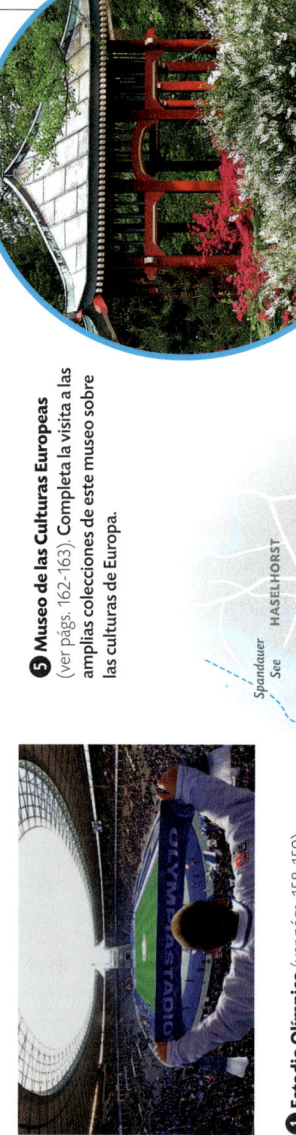

❺ Museo de las Culturas Europeas (ver págs. 162-163). Completa la visita a las amplias colecciones de este museo sobre las culturas de Europa.

❹ Jardín Botánico (ver pág. 161). Explora el Jardín Botánico de Berlín, con magníficos jardines italianos, invernaderos del siglo XIX y un arboreto. Vuelve a Königin-Luise-Straße.

❶ Estadio Olímpico (ver págs. 158-159). Construido por los nazis para los Juegos Olímpicos de 1936, en la actualidad acoge eventos deportivos y conciertos. Pasea por las instalaciones o únete a una visita guiada y, a continuación, toma el U-Bahn hasta Oskar-Helene-Heim y camina unos 2 km en dirección norte.

❷ Castillo de caza Grunewald (ver pág. 159). Este pabellón de caza construido en el siglo XVI es ahora un museo de arte, con obras de artistas alemanes y holandeses, además de objetos relacionados con la caza. Un paseo

160-161). Esta antigua biblioteca (con cine anexo) de las fuerzas aliadas documenta los años de la Guerra Fría. También se expone un avión utilizado en el puente aéreo sobre Berlín y un segmento de un túnel utilizado para el espionaje aliado. A la salida, dirígite hacia el norte por Clayallee, luego hacia el este por Königin-Luise-Straße, pasando por delante del Museo de las Culturas Europeas.

DAHLEM Y EL OESTE **DISTANCIA: 12,5 KM**
DURACIÓN: 6,5 H APROX. **ESTACIÓN U-BAHN: OLYMPIASTADION**

DAHLEM Y EL OESTE

WILMERSDORF

Teufelsberg
115 m

Westkreuz

MesseSüd

Halensee

Grunewald

Heidelberger
Platz

Hohenzollerndamm

SCHMARGENDORF

HOHENZOLLERN DAMM

GRUNEWALD

HAGENSTRAßE

KOENIGSALLEE

CLAYALLEE

Grunewaldsee

2 PÜCKLER-
STRAßE

**Castillo de
caza Grunewald**

HÜTTEN WEG

ONKEL-TOM-STRAßE

Museo de los Aliados

Onkel Toms
Hütte

Oskar-
Helene-
Heim

3

Krumme
Lanke

Krumme
Lanke

ARGENTINISCHE ALLEE

ZEHLENDORF

Mexikoplatz

Schlachtensee

PAUL-ERNST-
PARK

SCHLACHTENSEE

Nikolassee

NIKOLASSEE

Grosser
Wannsee

WANNSEE

Wannsee

HAVELCHAUSEE

Havel

GRUNEWALD

DAHLEM

PACELLIALLEE

Dahlem-Dorf

Breitenbachplatz

Podbielskiallee

**Museo de
las Culturas
Europeas**

**Jardín
Botánico**

4

5

Botanischer Garten

Lichterfelde-
West

Sundgauer Straße

CLAYALLEE

Zehlendorf

DÜPPEL

0
0   1 milla
          1 kilómetros

2 kilómetros
2 milla

ITINERARIO A PIE | **157**

El velocista estadounidense Jesse Owens (derecha) camino de la victoria en los Juegos Olímpicos de Berlín (1936).

Estadio Olímpico

1 El Olympiastadion tiene capacidad para 75 000 espectadores y ya ha acogido dos veces la Copa Mundial de Fútbol, además de conciertos de las estrellas más importantes del *rock* internacional, desde Madonna hasta los Rolling Stones. Diseñado por el régimen nazi para los Juegos Olímpicos de 1936, este estadio, que sobrevivió a la guerra casi intacto, es de estilo neoclásico siguiendo el modelo del Coliseo de Roma. Para los nazis, los Juegos Olímpicos eran una oportunidad para demostrar al mundo la superioridad aria, pero sus planes se vieron frustrados por Jesse Owens, un atleta afroamericano que ganó cuatro medallas de oro, incluida la de los 100 m. Se pueden visitar las instalaciones (*a partir de las 09:00 h*) por cuenta propia o con una visita guiada (*en inglés, hay varias opciones disponibles*); en el primer caso, vale la pena alquilar una audioguía (2 €), que narra los detalles históricos y arquitectónicos

DAHLEM Y EL OESTE

Desde la amplia **Olympischer Platz**, en el lado este, la vista del estadio es impresionante. Dominada por dos altas columnas unidas por los anillos olímpicos, marca el inicio de un recorrido circular alrededor de la instalación, salpicado por otras columnas esculpidas y estatuas de los años treinta, y por la campana olímpica, con iconos nazis. Originalmente, la campana estaba en la **Glockenturm**, la torre de 76 m de altura, a la que puedes subir para disfrutar de las vistas (*horario variable, consulta la página web*). La piscina del estadio está abierta al público en verano, cuando el **Waldbühne** (*waldbuehne-berlin.de*), un escenario al aire libre en el Olympiapark, acoge conciertos en directo (ver pág. 170).

Olympischer Platz 3 • *olympiastadion-berlin.de* • 030 306 88 100 • €€-€€€ • U-Bahn: Olympiastadion

(ver pág. 170)

Castillo de caza Grunewald

2 Situado en la orilla boscosa del Grunewaldsee, el Jagdschloss Gunewald del siglo XVI es la más antigua de las residencias y palacios construidos en Berlín por la dinastía de los Hohenzollern. Para acceder al palacio, hoy convertido en museo, se puede seguir un sendero en el bosque. El **Gran salón** está decorado con objetos y artefactos relacionados con el mundo de la caza: un tapiz del siglo XVIII, trofeos, cuadros y un fusil de doble cañón de 1550. En la planta superior se exponen pinturas de artistas alemanes y holandeses, con unas treinta obras de Lucas Cranach el Viejo (1472-1553) y el Joven (1515-1586). Disfruta de un café con tarta en el patio.

Hüttenweg 100 • *spsg.de* • 0331 96 94 200 • € • Cerrado lu. durante todo el año, y de ma. a vi. de noviembre a marzo • U-Bahn: Oskar-Helene-Heim

Estatua de perros de caza atacando a un jabalí a las afueras del castillo.

INFORMACIÓN TURÍSTICA

Para conocer los horarios de apertura de las distintas instalaciones, consulta los sitios web. En invierno, el Castillo de caza Grunewald solo abre los fines de semana y el Jardín Botánico cierra a las 16:00 h. Intenta llegar temprano al Olympiastadion para poder disfrutar con calma.

Museo de los Aliados

3 Gracias al **Hastings TG 503**, el avión expuesto en la entrada, es imposible no ver dónde está el AlliiertenMuseum. El avión británico (se puede visitar con un suplemento, salvo en caso de mal tiempo) es uno de los cientos que se utilizaron para abastecer de productos básicos a Berlín Occidental durante el bloqueo soviético de los sectores aliados (ver pág. 165): en el momento de mayor esfuerzo, aterrizaba en Berlín casi un avión por minuto. El museo narra la vida en la ciudad bajo la administración occidental desde la posguerra hasta la reunificación de 1990. Inicialmente, los dos edificios a ambos lados del avión albergaban el **Teatro d'Avamposto** (un cine) y la **Nicholson Memorial Library** (la biblioteca estadounidense). La exposición del antiguo cine ilustra la ocupación aliada de Berlín, el puente aéreo y la vida cotidiana en los sectores estadounidense, británico y francés, y alberga un tramo del túnel construido por los servicios secretos

La historia de la ocupación aliada de Berlín a través de los objetos del Museo de los Aliados.

para interceptar las comunicaciones telefónicas de los soviéticos. En la antigua biblioteca, la atención se centra en los aspectos militares de la relación entre el Este y el Oeste durante la Guerra Fría. Fuera del museo puedes subir a un vagón de un tren militar francés y atravesar el puesto de control original que había en el **Checkpoint Charlie** (ver pág. 57).

Clayallee 135 • *alliiertenmuseum.de* • **030 81 81 990** • **Cerrado lu.** • **U-Bahn: Oskar-Helene-Heim**

Jardín Botánico

4 Olvídate de todo durante una hora y piérdete en el Botanischer Garten, que se extiende sobre 43 ha de terreno y alberga unas 22 000 especies vegetales. En la zona más al sur está un arboreto, repleto de rosas y plantas autóctonas y en el norte está el **Gewächshäuser**, invernaderos de cristal y acero. El más grande de ellos cuenta con una cascada y enormes plantas de bambú.

Consigue un mapa en la entrada o, mejor aún, uno de los cuatro folletos que cambian cada temporada y que te invitan a descubrir 12 tipos de flores diferentes a lo largo de un sendero del jardín. En el adyacente **Museo Botánico** (*entrada gratuita con la entrada al Jardín*) podrás mejorar tus conocimientos botánicos con maquetas y detalles ampliados de las distintas plantas.

Königin-Luise-Straße 6-8 • *bo.berlin* • **030 83 85 01 00** • **Cerrado el de diciembre** • **€€** • **U-Bahn: Dahlem-Dorf**

Museo de las Culturas Europeas

5 Ver págs. 162-163.

Arnimallee 25 • *smb.museum* • **030 26 64 24 242** • **Cerrado lu. y ma.** • **€€** • **U-Bahn: Dahlem-Dorf**

DÓNDE **COMER**

■ **CHALET SUISSE**
Este restaurante situado en el bosque de Grunewald ofrece cocina franco-suiza, incluye carne de caza, en un ambiente rústico y relajado. **Clayallee 99, 030 83 26 362, €€**

■ **DOMÄNE DAHLEM**
La tienda de esta granja, en funcionamiento desde hace 800 años, con un museo agrícola al aire libre, vende sopas, salchichas, tartas y bebidas para consumir en las mesas cercanas. **Königin-Luise-Straße 49, 030 66 63 000, €**

■ **LUISE**
Elegante local que sirve cervezas de barril, hamburguesas caseras y especialidades alemanas. También hay un Biergarten, una zona de juegos para niños y una parrilla al aire libre. **Königin-Luise-Straße 40-42, 030 84 18 880, €€**

DAHLEM Y EL OESTE

Museo de las Culturas Europeas

El folclore alemán y de diversas zonas de Europa a través de una infinita colección de objetos: un viaje en el espacio y en el tiempo.

Un detalle del gran Weihnachtsberg, con escenas de la vida de Jesús.

Nace de la unión de las colecciones de varias instituciones comprometidas con la conservación del patrimonio antropológico alemán, la nueva exposición del Museum Europäischer Kulturen va más allá de un museo etnográfico, abarca diversos aspectos de la vida en sociedad e ilustra historias de identidades compartidas. Se centra en la complejidad del continente europeo a través de objetos y hallazgos desde el siglo XVIII, que cuentan mucho más que su simple uso.

Tras el traslado de las colecciones de arte asiático y etnología al Foro Humboldt (ver págs. 76-77), el Museen Dahlem ha concentrado en este único espacio un recorrido centrado en la vida cotidiana y los contactos culturales entre Alemania y Europa.

■ LA EXPOSICIÓN PERMANENTE

El museo investiga las características de las culturas populares alemana y europea, las afinidades existentes entre las diversas identidades y el significado en un contexto de convivencia y coexistencia.

Cada objeto se convierte en un punto de partida para reflexionar sobre múltiples temas, como la **góndola negra veneciana** de 1910, que evoca los viajes, el comercio y la artesanía. Otra atracción del museo es el **Weihnachtsberg** (Monte de la Natividad), una maqueta de 12 m de largo procedente de la región de Erzgebirge, en Alemania Oriental: está compuesta por 328 figuritas finamente trabajadas que representan episodios de los Evangelios sobre la vida de Cristo, muchas de ellas accionadas mecánicamente. Los niños siempre quedan fascinados por el enorme «belén».

■ LA NATURALEZA

Una sección está dedicada a la relación entre el hombre y la naturaleza, a su uso «cultural» y a la contaminación, para destacar cómo el museo quiere poner en diálogo testimonios del pasado con temas actuales.

■ UN LUGAR DE EVENTOS

Los eventos constituyen otra parte importante de la actividad del Museo de las Culturas Europeas. En verano se celebran, por ejemplo, las **Jornadas de las Culturas de Europa**, dedicadas cada año a un territorio diferente y en colaboración con asociaciones locales. Se organizan encuentros y ferias sobre tejeduría; el museo cuenta con piezas de gran valor. Consulta el calendario en la página web para no perderte la exposición *Handmade Arts*, creada por la artista francesa Natacha Wolters, y Textiltag.

DAHLEM Y EL OESTE

Arnimallee 25 • *smb.museum* • 030 26 64 24 242 • Cerrado lu. y ma. • €€ • U-Bahn: Dahlem-Dorf

Una ciudad dividida

Durante cuatro décadas del siglo xx, Berlín fue el símbolo de una Europa dividida. Separada en Oriente y Occidente a nivel político, entre 1961 y 1989 la ciudad estuvo «cortada» por la mitad por un muro. Hoy solo quedan fragmentos, pero tantos años de división han dejado muchas secuelas entre los habitantes y algunos de ellos miran ese pasado con nostalgia.

Este escudo de un tanque se encuentra en el muro del Memorial de Guerra Soviético de Schönholzer Heide, en el antiguo Berlín Oriental. En página siguiente: Un avión transporta artículos de primera necesidad por el puente aéreo sobre Berlín (1948-1949).

El fin de la Segunda Guerra Mundial

Con la rendición de Alemania ante los aliados en mayo de 1945, las tropas soviéticas tomaron el control de Berlín. Las potencias vencedoras se reunieron en julio en el castillo de Cecilienhof, en Potsdam, para redefinir las fronteras de Europa. Se establecieron cuatro esferas de influencia para Alemania: estadounidense, británica, francesa y soviética. Berlín se encontraba en el sector soviético, pero para gestionar la ocupación militar temporal, también se dividió en cuatro zonas.

Una ciudad, cuatro zonas

Las potencias aliadas tenían la intención de reunificar Alemania, pero el acuerdo con los soviéticos tardaba en concretarse; Estados Unidos, con el apoyo del Reino Unido y Francia, puso en marcha algunas medidas económicas para Berlín Occidental. En junio de 1948, las tres potencias aliadas introdujeron una nueva moneda en Berlín Occidental y en Alemania Occidental, sin consultar a los soviéticos. Cada vez era más evidente que la

DAHLEM Y EL OESTE

mayoría de los alemanes no quería vivir bajo un régimen comunista y crecía la hostilidad hacia los soviéticos. Esto no era solo consecuencia de la propaganda nazi, sino también una reacción a los crímenes del Ejército Rojo en Berlín, que a su vez se vengaban de las terribles acciones de los nazis en la Unión Soviética.

El puente aéreo sobre Berlín

Moscú reaccionó con indignación a la nueva moneda e impuso un bloqueo en las rutas hacia Berlín desde los sectores aliados occidentales. Durante 15 meses, desde julio de 1948 hasta septiembre de 1949, Berlín Occidental solo pudo contar con los suministros transportados por convoyes aéreos que aterrizaban en el aeropuerto de Tempelhof, donde un monumento conmemora este hecho. El puente aéreo, aunque

PARA RECORDAR
EL MURO

En Berlín, muchos lugares recuerdan la vida en la época del Muro. Una narración conmovedora pero imparcial es la del **Memorial del Muro de Berlín** (ver págs. 130-131), que se extiende a lo largo de unos 2 km en la Bernauer Straße, al noreste de Nordbahnhof. El Memorial incluye un tramo del Muro, un museo y una capilla. Una exposición en el **Tränenpalast** (*Reichstagufer 17, hdg.de, 030 46 77 77 911*), cerca de la estación de tren de Friedrichstraße, evoca las despedidas y las lágrimas derramadas durante interminables días en este lugar, donde estaba uno de los pasos para cruzar el Muro.

La construcción del Muro cerró la Puerta de Brandeburgo (siglo XVIII) en la parte este de Berlín. Visible desde el oeste, ya no era accesible y, cuando cayó el Muro en 1989 (ver pág. siguiente), se convirtió en uno de los símbolos de la libertad reconquistada, presente en muchas fotos.

desde una perspectiva estadounidense, se retrata en el **Museo de los Aliados** (ver págs. 160-161).

Dos estados

En 1949, la decisión unilateral de las potencias occidentales de unir los territorios bajo su control en un Estado, la República Federal de Alemania (RFA), conocida como Alemania Occidental, con su propio Parlamento en Bonn, fue interpretada por la Unión Soviética como una provocación más. La reacción fue crear, en el este, una República Democrática Alemana (RDA), instituida ese octubre. La consiguiente frontera obligó a muchos alemanes a cruzarla cada día para ir a trabajar y fue el preludio de restricciones que se hicieron cada vez más estrictas durante los años cincuenta. Se produjo una emigración masiva de ciudadanos hacia el oeste para escapar del gobierno comunista. En 1961, para detener el éxodo, se construyó un muro que impidió la conexión entre las dos partes. El objetivo se logró, pero el Muro se convirtió en símbolo de la opresión. La opinión pública mundial comenzó a ver las fotografías de quienes intentaban huir y la imagen de la RDA y del régimen soviético se deterioró, especialmente cuando se difundió la noticia de que los fugitivos eran asesinados.

El fin de una época

A finales de los años ochenta, las protestas en muchas ciudades de Alemania Oriental volvieron a abrir el debate sobre el cambio en el Este comunista. Fue la Unión Soviética la que tomó la iniciativa para aliviar las tensiones relacionadas con la Guerra Fría, como mostró la visita a Berlín de Mijaíl Gorbachov el 7 de octubre de 1989. Diez días después, el líder comunista de la RDA, Erich Honecker, dimitió y el 9 de noviembre el Gobierno anunció la apertura de las fronteras con efecto inmediato. Al año siguiente, los dos estados alemanes se convirtieron en una sola nación.

El legado del Muro

No son muchos los que lamentan la caída del Muro, aunque algunos añoran la seguridad y la estabilidad que se respiraba en la sociedad socialista. En muchos aspectos, Berlín sigue dividida. En la parte oriental, la mayoría vota a partidos de centroizquierda y en los restaurantes aparecen platos rusos, como la *solyanka* (una sopa picante). Berlineses de edad avanzada de la parte oeste recuerdan con nostalgia los años del Muro, cuando la ciudad era el puesto avanzado occidental del telón de acero. Entonces Berlín era más tranquila, apoyada por los países occidentales. Al carecer de fuerzas militares, atrajo a una comunidad de intelectuales y liberales, hoy prácticamente desaparecida con el surgimiento de una nueva metrópoli de alcance mundial.

El verano en la ciudad

Berlín está hecha para vivir el verano. Las calles se llenan de terrazas y el fondo musical de fiestas y conciertos nunca se detiene. Los festivales callejeros y los cines al aire libre están abarrotados y en los ríos y lagos se nada y se navega. En los parques, cualquier rincón es bueno para improvisar un pícnic.

■ COMO EN LA PLAYA

Justo al oeste de Dahlem, pero a años luz del centro de la ciudad, Wannsee es el lugar ideal para disfrutar del verano berlinés. Su mayor atractivo es la **Playa de Wannsee** (Strandbad Wannsee; *Wannseebadweg*), una de las playas más grandes y antiguas de Europa, que se extiende de más de 1,6 km con una sucesión de tumbonas, toallas y puestos de salchichas, cerveza y helados. Toma asiento en la playa libre y gratuita o reserva tu sitio (*berlinerbaeder.de*). Para nadar de verdad en una piscina al aire libre , tienes que ir al **Sommerbad Kreuzberg** (*Prinzenstraße 113-119, 030 78 73 22 170, €€, abierto de junio a mediados de septiembre*), que cuenta con tres piscinas (una de ellas sin climatizar y sin cloro), una amplia zona para tomar el sol y acceso al cercano Böcklerpark.

■ LOS CHIRINGUITOS

En Berlín, incluso en el centro, puedes encontrar un montón de «bares de playa»: aquí tienes la oportunidad de sentir la arena entre los pies, sentarte bajo una palmera e incluso nadar o jugar al voleibol playa. La temporada suele comenzar hacia Semana Santa y dura mientras haga buen tiempo, a menudo hasta el mes de septiembre. Acomódate en una tumbona con un cóctel y relájate viendo pasar los ferris turísticos en el **Capital Beach Bar** (*Ludwig-Erhard-Ufer, 033 42 42 59 950*), entre el Reichstag y la Hauptbahnhof. También puedes elegir el **Strandbar Mitte** (*Monbijoustraße 3B*), con vistas al Museo Bode, donde descansar en los sofás de playa (*Strandkörb*) o jugar al voleibol. Si tienes niños, vete a la playa en **Monbijoupark** (*Oranienburger Straße 78, 030 78 73 22 030*), cerca de la Nueva Sinagoga y de la Isla de los

En verano, la playa Strandbad Wannsee atrae a miles de personas.

Museos. También hay una zona de césped para adultos, un quiosco de helados y un pequeño parque infantil.

■ **LOS FESTIVALES DE VERANO**
Durante Pentecostés (*finales de mayo-principios de junio*), Kreuzberg se ilumina con el **Carnaval de las Culturas** (*karneval.berlin*), un festival callejero que celebra las diversas culturas presentes en Berlín con música, comida, carrozas y un gran desfile que parte de Hermannplatz y termina en Möckernstraße. Es un evento que reúne cada año a más de un millón de personas. Durante casi tres semanas entre julio y agosto se celebra el **Berliner Volksfestsommer** (antiguo festival popular germano-francés; *volksfest-berlin.de*), que se ha convertido en una auténtica institución en la ciudad, después de más de sesenta años, con sesenta atracciones, entre las que hay tiovivos, montañas rusas y coches de choque. Si necesitas un descanso, hay numerosos Biergarten y *food trucks* que te darán la bienvenida y, si miras al cielo, también verás los espectáculos pirotécnicos.
A principios de agosto, Berlín Este se convierte durante tres días en el

El Club der Visionäre a orillas del Spree.

escenario del **Festival Internacional de la Cerveza** (Internationales Berliner Bierfestival; *Karl-Marx-Allee, internationales-berliner-bierfestival.de*), que atrae a unos 750 000 visitantes de todo el mundo. Es conocido como «la milla de la cerveza» o «el Biergarten más grande del mundo», acoge a unas 350 cervecerías de noventa países.

■ CINE AL AIRE LIBRE

Una forma estupenda de pasar una noche bajo las estrellas es ver una película en el cine al aire libre **Freiluftkino** (*freiluftkino-berlin.de*, €€,

de mayo a septiembre) en el **Volkspark Friedrichshain** (ver pág. 128).

Los berlineses vienen con todo lo necesario para hacer un pícnic, y elprograma de proyecciones suele incluir éxitos internacionales y películas presentadas en la **Berlinale** (ver pág. 102). Algunas se proyectan en inglés con subtítulos en alemán (consulta la página web).

■ CITAS MUSICALES

A finales de junio, y solo por una noche, la **Waldbühne** (*Am Glockenturm, waldbuehne-berlin.de, 01806 57 00 70, €€€€€*), un sugerente anfiteatro al aire libre en los bosques de Dahlem, acoge a la **Filarmónica de Berlín** para un concierto temático que puede abarcar desde ritmos latinoamericanos hasta la música de Tchaikovski y que tradicionalmente marca el final de la temporada de la orquesta. En Kreuzberg, pocos locales pueden rivalizar con el encanto del **Club der Visionäre** (*Am Flutgraben 1, clubdervisionaere.com, 030 69 51 89 42, €€*). Abierto todo el año, alcanza su máximo esplendor en verano, cuando se puede escuchar buena música sentado bajo un enorme sauce llorón y tumbado en las plataformas junto al río. Un lugar completamente diferente es el Gendarmenmarkt, cerca de Unter den Linden, que durante algunos días acoge el **Classic Open Air** (*classicopenair.de, 030 31 57 540, €€€€€, comienza en junio*), una serie de citas musicales que van desde la ópera y opereta hasta el *pop*, el *soul* y el *jazz*. En Berlín Este, uno de los lugares favoritos de los berlineses es el **Parque del Muro** (Mauerpark; *Gleimstraße 55, bearpitkaraoke.com*), parte de la llamada «franja de la muerte» que discurría a lo largo del Muro. Aquí, si el tiempo lo permite, los domingos a las 15:00 h (*de abril a octubre*) se reúnen aficionados para largas sesiones de karaoke.

■ NOCHE LARGA DE LOS MUSEOS

La **Noche Larga de los Museos** (*lange-nacht-der-museen.de, 030 21 78 28 95, €€€€, último sá. de agosto*) cuenta con la participación de alrededor de ochenta espacios culturales, que permanecen abiertos hasta tarde. Además de contemplar pinturas, esculturas, se organizan conciertos, espectáculos artísticos y visitas guiadas. Hay autobuses lanzadera que conectan los lugares participantes durante toda la noche, y las entradas a los museos permiten viajar gratis en transporte público.

Las actuaciones de karaoke en el Mauerpark están abiertas a todos las aspirantes a cantante.

PARTE TRES

Consejos de viaje

PLANIFICAR EL VIAJE

Cuándo ir

No hay una mala época para visitar Berlín. Para pasear por la ciudad lo ideal es la temporada cálida: primavera, verano y principios de otoño. Los meses fríos ofrecen muchas atracciones. Para evitar las multitudes, ver algún festival y no tener sorpresas con el clima, visita la ciudad en primavera, de abril a principios de junio, o en otoño, entre septiembre y octubre. El ritmo frenético de Berlín se ralentiza un poco, los hoteles son más baratos y las colas en los museos disminuyen. En temporada alta, en julio y agosto, Berlín se llena de turistas, las temperaturas son suaves y podrás disfrutar de los bares de playa y otros eventos. En diciembre, los mercados navideños dan un aire mágico a la ciudad y, según muchos, al menos una vez en la vida hay que descorchar el champán bajo la Puerta de Brandeburgo en Nochevieja.

Clima

El clima relativamente frío de Berlín recuerda más a Moscú que a París. Las estaciones son más extremas que la media alemana, con veranos calurosos e inviernos bastante duros. Los vientos fríos llegan desde el centro de Rusia y traen temperaturas gélidas y nieve. En verano, de junio a finales de agosto, puede llegar los 30 °C.

Seguro de viaje

Contrata un seguro de viaje que cubra los gastos médicos inmediatos, el robo o la pérdida de objetos y la repatriación.

Documentación

Alemania está adherido al acuerdo de Schengen y garantiza la libre circulación a los ciudadanos de gran parte de Europa (incluidos Suiza y San Marino). Basta con el documento de identidad o, si no lo tienes, el pasaporte con una validez mínima de 4 meses.

CÓMO LLEGAR

En avión

Desde el 31 de octubre de 2020, solo está operativo el aeropuerto de **Berlín-Brandeburgo (BER)**, dedicado al canciller de la RDA y Premio Nobel de la Paz, Willy Brandt. El aeropuerto Berlín-Tegel ha cesado su actividad, y el Berlín-Schönefeld ahora es la Terminal 5 con la expansión del aeropuerto actual. Las terminales 1 y 2 están contiguos y aquí llegan los medios de transporte, pero la 5 está más alejada y no se puede llegar a pie. Desde los principales aeropuertos españoles hay muchos vuelos a Berlín, incluso de bajo coste. Para más información contacta con la oficina de información (*030 60 91 60 910*) o consulta la página web (*ber.berlin-airport.*

de). La estación de tren está debajo de la Terminal 1 y a la que llega el tren regional, Airport Express y el S-Bahn (S5 y S45, que conectan con la Terminal 5). En autobús se puede llegar a todas las terminales con las líneas exprés X7 y X71, que parten de Rudow; puedes viajar en las líneas urbanas 163, 164, 171 y 744. El aeropuerto está en la zona C del transporte público de Berlín (trayecto sencillo 4,40 €), se paga un suplemento en los autobuses lanzadera. Un trayecto en taxi hasta Mitte cuesta unos 49 € y dura unos 40 min.

En tren

La eficiente red ferroviaria alemana está gestionada por **Deutsche Bahn** (DB; *bahn.de*). Las dos estaciones principales, Hauptbahnhof y Ostbahnhof, cuentan con trenes de larga distancia: InterCityExpress (ICE), InterCity (IC) y EuroCity (EC). Para las conexiones con las ciudades del estado de Brandeburgo y destinos más lejanos, existen los Interregio-Express (IRE) y los Regional-Express (RE). Las estaciones más grandes cuentan con un **Reisezentrum** (oficina de información). Los horarios y las conexiones se muestran en el vestíbulo principal y los billetes se pueden comprar en el Reisezentrum, en las máquinas o *online*. Si se busca inmediatamente al revisor, y solo en los trenes ICE y EC, se puede comprar el billete a bordo con un recargo de 17 €. Los viajeros extranjeros pueden comprar pases especiales.

En autobús

Un poco lentas, las líneas de autobús conectan Berlín con el resto de Europa. La mayoría llegan a la ZOB (Zentraler Omnibusbahnhof Berlin; zob.berlin), la estación central de autobuses situada en Charlottenburg.

CÓMO MOVERSE

En transporte público

La empresa de transporte de **Berlín BVG** (*bvg.de, 030 19 449*) gestiona una amplia red de autobuses, tranvías (Straßenbahn), metro (U-Bahn) y trenes (S-Bahn). El U-Bahn y el S-Bahn funcionan desde las 04:30 h de la mañana hasta las 00:30-1:30 h, luego son sustituidos por autobuses nocturnos. Los sábados y domingos, el U-Bahn y el S-Bahn funcionan toda la noche. Los billetes son válidos en todos los medios de transporte; se pueden comprar en las estaciones de U-Bahn y S-Bahn, o directamente en los autobuses y tranvías (al conductor o en las máquinas automáticas a bordo). Para evitar multas, valida el billete antes de iniciar el trayecto. La ciudad está dividida en tres zonas de transporte público: A y B para los barrios céntricos y C para los barrios periféricos, incluidos Potsdam y el aeropuerto de Berlín-Brandeburgo. Se puede llegar a la mayoría de los destinos de la ciudad con un billete de dos zonas (A+B). Puedes adquirir diferentes pases turísticos en las taquillas y en muchos hoteles de Berlín. Uno de ellos es la **Berlin WelcomeCard** que ofrece una gran flexibilidad y descuentos de hasta el 50% en unos 180 puntos de interés: puedes elegir las zonas de la ciudad que incluye, el número de días de validez y, si lo deseas, el suplemento para visitar gratis los museos de la Museumsinsel o la versión *All Inclusive* (*berlin-welcomecard.de; desde 23 € por 48 h en las franjas A y B hasta 59 € por 72 h con suplemento para la Museumsinsel y la franja C*). Otro pase es el **Museum Pass Berlin:** entrada gratuita durante 3 días a 30 instituciones, incluida la Museumsinsel (*visitberlin. de; 32 €*). Un recurso muy útil para móviles son las aplicaciones oficiales BVG Fahrinfo-App y Jelbi-App, con todas las opciones de movilidad y rutas.

En bicicleta

Cada vez es más extensa la red de carriles bici como alternativa más agradable y económica para moverse. Berlín cuenta con cientos de kilómetros de carriles que recorren la ciudad y los alrededores. Comprar un mapa con las rutas publicado por la asociación ciclista alemana **ADFC** (*adfc.de, 030 20 91 49 80*) es una buena inversión; llama para encontrar el punto de venta más cercano o ponte en contacto con el editor (*bestellung@bva-bielefeld. de*). Para planificar una excursión, consulta la página web de **BBBike** (*bbbike.de*), en la que puedes configurar tus preferencias. Puedes llevar la bicicleta en los trenes de larga distancia reservando una plaza y pagando un billete especial. Sube a los vagones señalizados con el símbolo de la bicicleta. En los S-Bahn y U-Bahn se puede subir con la bicicleta pagando un billete adicional. Para alquilar bicicletas, está el **Fat Tire**, situado debajo de la Torre de la Televisión (*berlinfahrradverleih.com, 030 24 04 79 91*). Gestionado por DB, **Call a Bike** (*callabike. de*) es un servicio de bicicletas compartidas activo en 50 ciudades alemanas; en Berlín hay 350 estaciones donde recoger y entregar las bicicletas mediante una aplicación.

En taxi

Las paradas de taxi se encuentran frente a los aeropuertos y las estaciones de tren y metro; también es posible parar un taxi en la calle. La tarifa básica al subir es de 3,90 € y el precio por kilómetro adicional varía entre 1,65 y 2,30 €. Para los noctámbulos:

un *Kurzstrecke* (recorrido corto) de hasta 2 km cuesta 6 €: antes de salir, avisa al taxista que deseas esta tarifa.

En tren

Para excursiones a destinos más lejanos, debes utilizar los trenes regionales o nacionales de la **Deutsche Bahn** (*bahn.de*).

CONSEJOS PRÁCTICOS

Dinero

La moneda de Alemania es el euro (€). Casi todos los bancos disponen de cajeros automáticos (aceptan tarjetas de crédito) con instrucciones en varios idiomas. Para cambiar dinero en efectivo y cheques de viaje, acude a los bancos y a las oficinas de cambio de los aeropuertos y estaciones.

Electricidad

En Alemania también se utiliza principalmente la corriente de 220 V. No obstante, es recomendable llevar adaptadores Schuko, también llamados «enchufes alemanes».

Zona horaria

Alemania se encuentra en el huso horario de Europa central (CET), el mismo que España.

Horarios de apertura

■ Bancos: de 08:00 a 16:00 h (los jueves hasta las 17:30 h aprox.); en las zonas menos céntricas, algunos cierran a

mediodía (12:00-13:00 h). Cerrados los fines de semana.

■ Museos: generalmente de 09:00 a 18:00 h. Muchos museos cierran los lunes, pero permanecen abiertos más tiempo los jueves por la noche.

■ Farmacias: abiertas en el horario habitual de las tiendas y por turnos para cubrir las noches y los fines de semana.

■ Tiendas: de 08:30 a 18:30 h en días laborables (hasta las 20:00 o las 22:00 h en muchos centros comerciales y los jueves). Los sábados de 08:30 a 20:00 h, pero los comercios más pequeños cierran entre las 12:00 y las 14:00 h. Las tiendas suelen cerrar los domingos, excepto las de los aeropuertos y las estaciones de tren.

Oficinas de correos

Las oficinas de Deutsche Post, el servicio postal nacional, funcionan bien, pero son pocas. El horario es de 08:00 a 18:00 h de lunes a viernes y hasta las 12:00 h los sábados. Las oficinas de los aeropuertos y estaciones de tren están abiertas los siete días de la semana. Puedes comprar sellos en las oficinas de correos o en las máquinas exteriores. Para encontrar la oficina más cercana, visita el sitio web *deutschepost.de* y haz clic en el icono «Filiale finden».

Teléfonos

Las cabinas telefónicas están en declive. Llamar desde las

cabinas, gestionadas por el operador nacional Deutsche Telekom, cuesta unos 23 cts. por minuto. La mayoría de las cabinas funcionan con tarjetas, algunas también con monedas. Las tarjetas telefónicas (Telefonkarten) se venden en oficinas de correos, minimercados y supermercados con valores de 10, 15 y 20 €. Los números con prefijo 0900, 0180 o 0190 tienen tarifas especiales. En Alemania está activo el *roaming-like-at-home*, tu tarifa nacional en el resto de países del Espacio Económico Europeo (EEE).

Viajeros con movilidad reducida

Hay rampas y ascensores en muchos edificios, incluidas estaciones de tren, museos y teatros. La mayoría de los autobuses y tranvías muestran el símbolo de una silla de ruedas azul y tienen accesos especiales. Por lo general, las estaciones de S-Bahn y U-Bahn tienen rampas o ascensores; el mapa de transporte de la BVG indica cuáles son las estaciones adaptadas. Para obtener información y asistencia, ponte en contacto con la **Berliner Behindertenverband e. V.** (*Jägerstraße 63D, bbv-ev.de, 030 20 43 847*). La base de datos en línea del grupo **Mobidat** (*mobidat.net*) incluye más de 34 000 edificios de Berlín con detalles sobre su accesibilidad.

INFORMACIÓN TURÍSTICA

La empresa de promoción turística **Berlin Tourismus &** **Kongress** (*visitberlin.de, 030 25 00 23 33*) es eficiente y está bien organizada. Hay una oficina de información en la Hauptbahnhof (de 08:00 a 20:00 h todos los días, acceso por Europaplatz). Hay sucursales en el ala sur de la Puerta de Brandeburgo, en el hotel Park Inn de Alexanderplatz y en los aeropuertos. La aplicación oficial **About Berlin** ofrece información sobre más de 200 lugares de interés turístico; es gratuita y funciona sin conexión.

EMERGENCIAS

Embajada
■ Embajada de España
Lichtensteinallee 1
10787 Berlín
Tel. 030 254 007 0
emb.berlin.inf@maec.es

Tarjetas de crédito perdidas/robadas
■ American Express (AE), *americanexpress.com*, 0800 26 39 22 79
■ Diners Club (DC), *dinersclub. es*, 0039 02 32 16 26 56
■ MasterCard (MC), *mastercard.com*, 0800 07 13 542
■ Visa (V), *visa.es*, 0800 81 18 440

Delincuencia y policía
Berlín es una ciudad segura. Algunas estaciones de metro (U-Bahn) y tren (S-Bahn) en determinadas zonas de Kreuzberg y Friedrichshain (Kottbusser Tor, Görlitzer Bahnhof y Warschauer Straße) pueden parecer poco tranquilas, pero la gente que hay es inofensiva. Hay que tener más cuidado en los barrios periféricos de Lichtenberg, Marzahn, Neukölln y Wedding, donde alguna vez se producen robos y agresiones. Si necesitas ayuda, llama a la policía al número de emergencia 110. Hay comisarías en todos los distritos: la de Friesenstraße 16 está entre Kreuzberg y Tempelhof y la de Wedekindstraße 10 está a 10 min a pie de la estación Ostbahnhof. Podrás presentar una denuncia, bloquear tu tarjeta de crédito, usar el teléfono y ponerte en contacto con la embajada. Para problemas en los trenes, acude a la Bahnpolizei, con oficinas en las principales estaciones. Los policías alemanes son reconocibles por sus uniformes azules lisos (y la inscripción «POLIZEI») y por sus coches patrulla azul y plateado. La Verkehrspolizei se encarga de controlar las carreteras y autopistas. Muchos policías hablan inglés. Por ley, siempre debes llevar un documento de identidad, como el pasaporte, el carné de conducir o el DNI.

Números de teléfono de emergencia
■ Bomberos y ambulancia (*Feuerwehr*) 112
■ Policía (*Polizeinotruf*) 110
■ Asistencia médica (para visitas a domicilio) 11 61 17
■ Urgencias dentales 030 89 00 43 33

Objetos perdidos
Si no tienes un seguro personal, con el seguro de viaje deberías protegerte contra robos y pérdidas. Deberás denunciar el robo a la policía, que te expedirá un certificado de denuncia para utilizar como justificante. El servicio ferroviario nacional, Deutsche Bahn, tiene su oficina de objetos perdidos (*0900 19 90 599*), al igual que la red de transporte urbano BVG (*030 19 449*). Para objetos perdidos en otros lugares, prueba en la oficina central de objetos perdidos del Estado de Berlín (*030 90 27 73 101*).

Salud
Para dolencias leves, puedes consultar al personal cualificado de las farmacias. Para recibir asistencia médica por la sanidad pública local, es necesario llevar contigo la tarjeta sanitaria. El horario de consulta de los médicos es de 09:00 a 12:00 h y de 15:00 a 18:00 h, excepto fines de semana. Para emergencias fuera de este horario, acude a un hospital (*Krankenhaus*). El hospital **Charité** cuenta con servicios de urgencias.

HOTELES

Con más de 13 millones de visitantes al año, Berlín cuenta con una adecuada oferta hotelera, que se traduce en precios competitivos, más bajos que en otras capitales europeas populares. La ciudad no es muy grande y no debería ser difícil encontrar alojamiento cerca de los lugares de interés. Sin embargo, Berlín es un destino para los amantes de la vida nocturna y los propios berlineses suelen salir hasta tarde por los locales: es mejor buscar una habitación que no dé a las calles principales. Muchos hoteles aceptan las principales tarjetas de crédito, pero en los más pequeños es posible que tengas que pagar en efectivo.

CONSEJOS DE VIAJE

El gran número de hoteles construidos en Berlín Este en los últimos años ha equiparado los barrios orientales a los occidentales. La zona central, Mitte, con lugares de interés como la Museumsinsel, es la más popular. El oeste puede parecer menos atractivo, pero conserva un gran encanto gracias a sus plazas y calles con *boutiques* que confluyen en Kurfürstendamm (Ku'damm). Antes de reservar, comprueba que los establecimientos disponen de ascensor, aire acondicionado y una ubicación tranquila. Muchos hoteles dan a calles muy transitadas y no siempre están insonorizados. Los hoteles del centro no disponen de aparcamiento privado, por lo que es posible que tengas que dejar el coche en lugares de pago. Aparcar en la calle no es fácil, sobretodo en zonas concurridas.
En los establecimientos indicados, salvo que se indique lo contrario:
• El desayuno no está incluido.
• Las habitaciones disponen de televisión y teléfono. Muchos ofrecen conexión a Internet.

• Las tarifas de las habitaciones son orientativas, sin variaciones estacionales ni ofertas.

Recursos en línea: un sitio web útil es *visitberlin. de*, gestionada por la oficina de turismo de la ciudad, Berlin Tourismus & Kongress. Sus páginas de búsqueda ofrecen más de 250 opciones entre hoteles, hostales y *bed & breakfast*, y proporcionan información sobre disponibilidad, ofertas, ubicación y particularidades.

Rango de precios
Los precios hacen referencia a una habitación doble en temporada alta. El rango se indica en función al número de €.
€€€€ Más de 200 €
€€€ 150 -200 €
€€€ 100 -150 €
€€ 60 -100 €
€ Menos de 60 €

Leyenda
🛈 N.º de habitaciones 🚇 U-Bahn o S-Bahn 🅿 Aparcamiento
🛗 Ascensor ❄ Aire acondicionado
🚭 Prohibido fumar 🏊 Piscina al aire libre 🏊 Piscina cubierta
🏋 Gimnasio 💳 Tarjetas de crédito

Organización
Los hoteles que aparecen en estas páginas se han agrupado por barrios y ordenado alfabéticamente por rango de precios.

UNTER DEN LINDEN Y ALREDEDORES

Varios de los hoteles más lujosos de Berlín se encuentran en este barrio, pero también hay establecimientos más asequibles. Es una zona ideal para llegar a los principales puntos de interés del centro de la ciudad, incluida la Potsdamer Platz. Algunos hoteles también tienen una ubicación ideal para visitar el barrio gubernamental y el parque Tiergarten.

■ **ADLON KEMPINSKI BERLIN**
€€€€€
UNTER DEN LINDEN 77
TEL. 030 22 610
kempinski.com
Parte de la historia de Alemania ha pasado por el Adlon, una mezcla de estilo británico y *art déco*, donde Marlene Dietrich fue descubierta y Joseph Goebbels perseguía a

su amante por los pasillos. La «gran dama» de los hoteles berlineses ha recuperado el esplendor de la época anterior a la Segunda Guerra Mundial y ahora muchas de las habitaciones, con TV de pantalla plana y *wifi*, dan a la Puerta de Brandeburgo, visible desde los cómodos sillones del patio. El restaurante Lorenz tiene dos estrellas Michelin.

ⓘ 382 + suite 🖼 S1, S2, U5 Brandenburger Tor 🅿 🔁 🛗 🚳 💺 📺 ♿ *Las principales*

■ **GRAND HYATT BERLIN**
€€€€€
MARLENE-DIETRICH-PLATZ 2
TEL. 030 25 53 12 34
berlin.grand.hyatt.com
Hotel de lujo que frecuentan actores, famosos y gente adinerad. Está repleto de superficies negras y muebles de madera de cedro tallada, que le otorga una elegancia de estilo euro-japonés. Las habitaciones cuentan con suelos de baño calefactados y obras de arte de la Bauhaus. En la última planta hay gimnasio, piscina y *spa*.

ⓘ 342 🖼 S1, S2, U2 Potsdamer Platz 🅿 🔁 🛗 🚳 📺 ♿ *Las principales*

■ **RITZ-CARLTON BERLIN**
€€€€€
POTSDAMER PLATZ 3
TEL. 030 33 77 77
ritzcarlton.com
Uno de los hoteles más prestigiosos de Berlín que se ubica en un rascacielos un poco retro con aire neoyorquino. El vestíbulo es majestuoso,

con grandes columnas y una amplia escalera que parece heredada del Imperio prusiano. Las habitaciones cuentan con abundante mármol, muebles de cerezo y acabados en latón. El Curtain Club sirve cócteles de autor en un ambiente elegante que recuerda a Sudamérica, incluso en la música en directo, y en The Lounge es obligatorio disfrutar del té de la tarde.

ⓘ 303 🖼 S1, S2, U2 Potsdamer Platz 🅿 🔁 🚳 📺 ♿ *Las principales*

■ **MANDALA SUITES**
€€€-€€€€
FRIEDRICHSTRAßE 185-190
TEL. 030 20 29 20
themandalasuites.de
La clientela de este hotel en Friedrichstraße es sofisticada. No encontrarás porteros ni servicio de habitaciones, pero las *suites* son muy bonitas, todas con una superficie de entre 40 y 100 m², con baños de mármol, vestidores, cocina y modernas zonas de trabajo con conexión wifi.

ⓘ 80 suites 🖼 U2, U6 Stadtmitte 🅿 🔁 🚳 📺 ♿ *Las principales*

■ **NH COLECCIÓN BERLÍN MITTE AM CHECKPOINT CHARLIE**
€€€
LEIPZIGER STRAßE 106-111
TEL. 030 20 37 60
nh-hotels.com
De elegancia sobria y lineal, ofrece habitaciones y *suites* luminosas y espaciosas, algunas con un agradable balcón

o vistas al patio interior, para disfrutar de la máxima tranquilidad. Quienes viajan en familia o en pequeños grupos encontrarán la comodidad en habitaciones comunicadas. El restaurante sirve cocina alemana y mediterránea, y su ubicación es perfecta para quienes desean dedicarse no solo a las visitas culturales, sino también a las compras.

ⓘ 392 🖼 U2, U6 Stadtmitte 🅿 🔁 🛗 🚳 📺 ♿ *Las principales*

MUSEUMSINSEL Y ALREDEDORES

El barrio, en el corazón cultural de la ciudad, ofrece una buena variedad de hoteles. Algunos de los destinos más importantes están a un paso: la Museumsinsel, los embarcaderos de donde parten los cruceros por el Spree, Alexanderplatz. La zona es ideal para ir de compras, en Friedrichstraße y en Hackesche Höfe. Al ser una zona muy frecuentada, puede ser ruidosa, sobre todo por la noche.

■ **CLASSIK HOTEL BERLIN ALEXANDER PLAZA**
€€€-€€€€
ROSENSTRAßE 1
TEL. 030 24 00 10
classik-hotel-collection.com
El edificio, terminado en 1900, fue construido por un peletero que inició allí un negocio de material eléctrico. Conserva gran parte del encanto de la época, realzado por la

decoración interior. Desde las ventanas se disfruta de una vista panorámica del casco antiguo y el Wintergarten, con techo acristalado, da la bienvenida a los huéspedes para el desayuno.

ⓘ 94 🚇 *S3, S5, S7, S9 Hackescher Markt*
🅿 🔁 ⓢ 🛗
⑥ *Las principales*

■ HONIGMOND GARDEN
€€€-€€€€
TIECKSTRAßE 11
TEL. 030 28 44 550
honigmond.de

Este romántico hotel de gestión familiar te transportará al siglo XIX gracias a sus antigüedades, techos con molduras y suelos de parqué. Y un patio interior ajardinado. Desayuno incluido en el precio.

ⓘ 16 🚇 *S1, S2 Nordbahnhof*
🅿 ⓢ ⑥ *V, MC*

■ MONBIJOU HOTEL
€€€-€€€€
MONBIJOUPLATZ 1
TEL. 030 61 62 03 00
monbijouhotel.com

A pocos pasos de Hackescher Markt, este elegante hotel *boutique* ofrece un ambiente moderno y cuidado, con suelos de madera, biblioteca y habitaciones con amplios ventanales que dan a Mitte y a la catedral de Berlín. La zona del bar es agradable, el salón cuenta con una chimenea y el bistró de estilo parisino ofrece cocina internacional. En verano, puedes relajarte en la terraza de la azotea.

ⓘ 101 🚇 *S3, S5, S7, S9 Hackescher Markt* 🅿 🔁 ⓢ
⑥ *Las principales*

■ ARCOTEL VELVET
€€€
ORANIENBURGER STRAßE 52
TEL. 030 27 87 530
velvet.arcotel.com

Elegante hotel de la cadena Arcotel, el Velvet ocupa una ubicación fascinante en el barrio de Mitte, cerca de la Neue Synagoge y de Friedrichstraße. La decoración es elegante y moderna, con uso de madera oscura y cuero rojo. Las habitaciones, con ventanas del suelo al techo, están equipadas con TV de pantalla plana y *wifi*, y las de las plantas superiores tienen magníficas vistas del barrio.

ⓘ 85 🚇 *U6 Oranienburger Tor*
🅿 🔁 ⓢ 🛗
⑥ *Las principales*

■ ART'OTEL BERLIN MITTE
€€€
WALLSTRAßE 70-73
TEL. 030 24 06 20
artotel.com

El edificio rococó, donde se reunía la élite intelectual de la ciudad, es hoy un hotel de lujo repleto de obras de arte de Georg Baselitz, artista alemán nacido en 1938. Puedes cenar en el Factory, un restaurante con techos de cristal, o al aire libre con vistas al Spree.

ⓘ 105 🚇 *U2 Märkisches Museum* 🅿 🔁 ⓢ 🛗
⑥ *Las principales*

■ ARTE LUISE KUNSTHOTEL
€€€
LUISENSTRAßE 19
TEL. 030 28 44 80
luise-berlin.com

Cada una de las 50 habitaciones es una obra de un joven diseñador. Algunas son divertidas (una tiene una cama enorme, de 3 m de ancho), otras juegan con la ciencia ficción (con una ducha ambientada en los dibujos animados «Los Supersónicos») o son muy esenciales y relajantes (figuras japonesas y música *zen*). Todas las habitaciones están bien equipadas y son tranquilas, salvo las pocas que dan a las vías del S-Bahn. La ubicación del hotel es cómoda para llegar al Reichstag, Unter den Linden y la Oranienburger Straße.

ⓘ 50 🚇 *S1, S2, S3, S5, S7, S9, U6 Friedrichstraße* 🔁 ⓢ 🚇 🛗
⑥ *Las principales*

■ BOB W MITTE
€€€
KÖPENICKER STRAßE 92
TEL. 030 25 55 94 50
booking.bobw.co

Ubicado en uno de los edificios más antiguos de Berlín (1822), este hotel de diseño ofrece la sensación de estar como en casa, pero rodeado de lujo. Las habitaciones están decoradas con detalles elegantes. El hotel cuenta con un salón especial para los amantes de los puros y el restaurante, The Brooklyn, es famoso por sus carnes y sus 160 tipos de whisky.

ⓘ 30 🚇 *U2 Märkisches Museum*
🅿 ⓢ ⑥ *Las principales*

■ CLASSIK HOTEL BERLIN HACKESCHER MARKT

€€€

GROSSE PRÄSIDENTENSTRAßE 8
TEL. 030 24 00 10

classik-hotel-collection.com

El nombre no miente: el hotel está a dos pasos de Hackescher Markt y de su animada vida nocturna, en una residencia del siglo XIX restaurada.
Las habitaciones y *suites* están decoradas en estilo rústico *chic* y disponen de calefacción por suelo radiante en los baños; muchas dan al patio interior y varias tienen balcón, aunque son pequeñas. El personal habla inglés y es muy atento.
🛈 37 🚇 S3, S5, S7, S9 *Hackescher Markt* 🅿 🔄 🛇
🛇 *Las principales*

■ INDIGO

€€€

HARDENBERGSTRAßE 15
TEL. 030 86 09 090

ihg.com/hotelindigo

A pocos minutos a pie de Alexanderplatz, este hotel nuevo y no demasiado caro goza de una ubicación ideal para visitar el centro de la ciudad. Las habitaciones pueden resultar pequeñas, pero son modernas y limpias, y el servicio del personal, joven y amable, es excelente. Entre otras características, cuenta con un bar grande y acogedor, wifi gratuito, máquinas de café en las habitaciones y un gimnasio bien equipado.
🛈 153 🚇 S3, S5, S7, S9, U2, U5, U8 *Alexanderplatz* 🅿 *(cerca)*
🔄 🛇 🛅
🛇 *Las principales*

■ LUX ELEVEN

€€€

ROSA-LUXEMBURG-STRAßE 9-13
TEL. 030 93 62 800

lux-eleven.com

Hace años, aquí se alojaban los que visitaban el Ministerio de Seguridad del Estado.
En la actualidad, se ven modelos y personalidades del mundo de la comunicación que adoran estos amplios apartamentos decorados con un estilo minimalista y oriental. Montones de cojines, cómodos asientos y pilas de toallas hacen que los espacios sean cálidos y acogedores, y todos con *wifi* y televisión de pantalla plana.
🛈 72 apartamentos 🚇 S3, S5, S7, S9, U2, U5, U8 *Alexanderplatz* 🅿 🔄 🛇 🛅
🛇 *Las principales*

■ RADISSON BLU HOTEL BERLIN

€€€

KARL-LIEBKNECHT-STRAßE 3
TEL. 030 23 82 80

radissonhotels.com

La particularidad de este hotel es el enorme acuario cilíndrico del patio interior, que fascina a todos los huéspedes. Algunas habitaciones dan directamente al acuario, y otras que tienen vistas al Spree y a la catedral. Además de TV de pantalla plana y wifi gratuito, el hotel ofrece a todos los huéspedes la posibilidad de hacer un crucero por el río. El gimnasio está abierto las 24 h.
🛈 427 🚇 U5 *Rotes Rathaus* 🅿 🔄 🛇 🛇 🛅 🛅
🛇 *Las principales*

■ NEUER FRITZ

€€-€€€

FRIEDRICHSTRAßE 105
TEL. 030 28 49 00

neuerfritz.com

La fachada del hotel data de la época comunista, pero una vez dentro te envolverá un ambiente joven y colorido. Hay habitaciones para todos los bolsillos, desde *suites* hasta dobles estándar e incluso «XS», para estancias muy cortas y económicas, todas amuebladas de forma moderna. El restaurante ofrece cocina de inspiración italiana, con mesas al aire libre junto al río.
🛈 40
🚇 S1, S2, S3, S5, S7, S9, U6 *Friedrichstraße*
🅿 🔄 🛇
🛇 *Las principales*

■ THE CIRCUS HOTEL

€€-€€€

ROSENTHALER STRAßE 1
TEL. 030 20 00 39 39

circus-berlin.de

En pleno centro de Mitte, el jardín interior y las habitaciones que dan a él son ideales para relajarse, gracias también a detalles tan agradables como los altavoces para escuchar música. Las habitaciones son limpias, elegantes y están decoradas con un estilo fresco y colorido, pero sin excesos. Hay *wifi* en todas partes y cajas fuertes para ordenadores portátiles.
🛈 60
🚇 U8 *Rosenthaler Platz*
🔄 🛇 🛇
🛇 *Las principales*

■ MIDI INN PARKHOTEL MITTE

€€

VETERANENSTRAßE 10
TEL. 030 91 48 81 97
midi-inn.de

La ubicación es envidiable, dentro del Weinbergspark, a las puertas de Mitte, con atracciones culturales y la vitalidad de Prenzlauer Berg. El hotel *boutique* cuenta con habitaciones dobles de diseño inteligente, con amplios ventanales y obras de un artista londinense. La propiedad alquila otros apartamentos en las inmediaciones. El desayuno se sirve en el restaurante-bar.

🛈 3 + 4 apartamentos
🚇 U8 Rosenthaler Platz 🔁 🔇
🔇 AE, MC, V

■ PFEFFERBETT HOSTEL

€-€€

CHRISTINENSTRAßE 18-19
TEL. 030 23 32 88 100
pfefferbett.de

El edificio de ladrillo del siglo XIX donde se ubica este hostal fue durante años una fábrica de cerveza. Hoy forma parte de un complejo con teatro, restaurante y talleres, frecuentado por creativos y jóvenes. Hay siete tipos de habitaciones con diferente capacidad (desde individuales hasta para ocho personas), con baño privado o compartido, pero todas con TV y conexión a internet mediante WLAN. Hay servicio de alquiler de bicicletas y patinetes.

🛈 45 🚇 U2 Senefelderplatz
🔁 🔇 🔇 Las principales

TIERGARTEN Y ALREDEDORES

Los hoteles de Tiergarten, una de las zonas más tranquilas de la ciudad, son ideales para visitar los palacios gubernamentales y las residencias diplomáticas, además del parque.
El Kulturforum, al sur del parque, está a pocos minutos, con galerías de arte para curiosear durante el día y la Filarmónica de Berlín para disfrutar de grandes veladas musicales.

■ SO/ BERLIN DAS STUE

€€€€€

DRAKESTRAßE 1
TEL. 030 31 17 220
so-berlin-das-stue.com

El primer hotel *boutique* de lujo de la ciudad, situado en Tiergarten, cerca del zoológico. El espléndido edificio de los años 30, antigua embajada danesa, ha sido reformado por la arquitecta española Patricia Urquiola. Las amplias habitaciones son lujosas y están equipadas con todas las comodidades. El hotel cuenta con dos restaurantes.

🛈 70 🚇 S3, S5, S7, S9 Tiergarten 🅿 🔁 🔇 🔇 🔇
🔇 Las principales

■ ABION SPREEBOGEN WATERSIDE

€€€

ALT-MOABIT 99
TEL. 030 39 92 00
ameroncollection.com

Ubicado en una antigua lechería, este hotel da al río

Spree, al norte Tiergarten, y cuenta con un embarcadero privado desde donde parten los cruceros por el río. Dispone de numerosas habitaciones familiares y algunas *suites*, todas ellas elegantes; las que tienen vistas al río son un poco más caras, pero la relación calidad-precio es siempre buena. Dispone de un restaurante interior, la posibilidad de alquilar bicicletas y *wifi* gratuito.

🛈 224 🚇 U9 Turmstraße
🅿 🔁 🔇 🔇 🔇 Las principales

■ BERLIN, BERLIN

€€-€€€

LÜTZOWPLATZ 17
TEL. 030 26 050
hotel-berlin.de

Este enorme hotel, sede de conferencias y reuniones de negocios, dispone de unas 500 habitaciones (más otras 200 en Grunewald), pero consigue ser cálido y acogedor. Durante la Guerra Fría, celebridades y políticos se alojaron aquí y el personal conserva muchas anécdotas de aquella época. Las habitaciones son amplias, modernas, con *wifi* gratuito y desayuno incluido.

🛈 500 🚇 U1, U2, U3, U4 Nollendorfplatz 🅿 🔁 🔇 🔇
🔇 Las principales

CHARLOTTENBURG

Este rico barrio fue el corazón de Berlín Occidental durante los años del Muro, mientras que hoy se visita la residencia real de Charlottenburg y se viene de compras. Los hoteles tienen precios competitivos y alrededor de Savignyplatz, Breitscheidplatz y Kurfürstendamm hay decenas de restaurantes.

■ HOTEL AM STEINPLATZ
€€€€-€€€€€
STEINPLATZ 4
TEL. 030 55 44 440
hotelsteinplatz.com
Reinaugurado en 2013, es un testigo de la Berlín de los años dorados. Sus habitaciones pueden presumir de haber alojado a Vladimir Nabokov y Brigitte Bardot, entre otros. El ambiente y la elegancia de principios de siglo aún se siente y la acogida es de alto nivel.
🛈 87 🚇 S3, S5, S7, S9, U2, U9 *Zoologischer Garten* 🅿 🔁 🛎
🅰 *Las principales*

■ BIKINI 25 HORAS
€€€-€€€€
BUDAPESTER STRAßE 40
TEL. 030 12 02 210
25hours-hotels.com
Uno de los hoteles más modernos de la ciudad, le gusta definirse como «jungla urbana». No es casualidad que las habitaciones se dividan entre las que dan a Berlín y las que dan al recinto de los monos del zoo. Hay horno de leña, sauna, terraza con vistas al Tiergarten, alquiler gratuito de bicicletas y *wifi* en todas las habitaciones.
🛈 149 🚇 S3, S5, S7, S9, U2, U9 *Zoologischer Garten* 🅿 🔁 🆂
🅰 *Las principales*

■ HOTEL Q!
€€€-€€€€
KNESEBECKSTRAßE 67
TEL. 030 81 00 660
hotel-q.com

El Q!, un hotel ultramoderno cuyo nombre hace referencia al cercano Ku'damm, te da la bienvenida con una preciosa fachada gris. En el interior, solo encontrarás superficies curvas y sinuosas que, junto con los suelos de madera, te permitirán deslizarte de la bañera a la cama. El *spa* cuenta incluso con una playa de arena caliente, además de aromaterapia, música y luces relajantes.
🛈 77 🚇 S3, S5, S7, S9 *Savignyplatz* 🅿 🆂 🛎
🅰 *Las principales*

■ SAVOY
€€€-€€€€
FASANENSTRAßE 9-10
TEL. 030 31 10 30
hotel-savoy.com
El Savoy, toda una institución en Berlín, rebosa encanto antiguo, con sombreros de copa y faldas con envolturas. Si bien las habitaciones estándar no destacan por su originalidad, las *suites* tienen un estilo incomparable, con nombres que evocan a personajes que en su día fueron habituales en estos pasillos, como Henry Miller o Greta Garbo. El Times Bar cuenta con una sala reservada para fumadores.
🛈 122 🚇 S3, S5, S7, S9, U2, U9 *Zoologischer Garten* 🔁 🆂 🅰 *Las principales*

■ HECKER'S
€€€
GROLMANSTRAßE 35
TEL. 030 88 900
heckers-hotel.de
A pocos metros de la bulliciosa Kurfürstendamm,

este prestigioso hotel *boutique* cuenta entre sus clientes famosos con Michael Douglas, Valéry Giscard d'Estaing y varias estrellas del *rock*. El estilo de las habitaciones va desde el Bauhaus hasta el diseño clásico.
🛈 69 🚇 S3, S5, S7, S9 *Savignyplatz; U1 Uhlandstraße* 🅿 🔁 🆂 🅰 *Las principales*

■ KU'DAMM 101
€€€
KURFÜRSTENDAMM 101
TEL. 030 52 00 550
kudamm101.com
Un poco apartado del ajetreo de la zona, es un alojamiento ideal para los amantes del minimalismo y la sencillez. En el vestíbulo, el mobiliario es de los años 60 y con toques *new age*, con columnas iluminadas, sofás lujosos y nichos ocultos en los techos. Las habitaciones son una mezcla perfecta de luz y sombra, todas tienen conexión rápida a internet y detalles retro, como consolas de madera.
🛈 170 🚇 S41, S42, S46 *Halensee* 🅿 🔁 🆂
🅰 *Las principales*

■ PROVOCATEUR BERLIN
€€€
BRANDENBURGISCHE STRAßE 21
TEL. 030 22 05 60 60
provocateur-hotel.com
El nombre lo dice todo: aquí el diseño atrevido no teme los excesos ni la opulencia, en un estilo años veinte que quiere ser parisino, con muebles de colores intensos y el terciopelo. Clase, comodidad, ubicación perfecta para ir de compras y disfrutar

de la noche y los espectáculos burlescos en el bar de cócteles. El restaurante Golden Phoenix ofrece una cocina refinada de inspiración francesa y china.

➀ 58 🚇 *U7 Konstanzer Straße* 🚇 🅢 🅢 *Las principales*

■ BLEIBTREU

€€-€€€
BLEIBTREUSTRAßE 31
TEL. 030 88 47 40
goldentulip.com

Los materiales alegres que decoran el ambiente minimalista de este hotel *boutique* con muebles italianos están en sintonía con los escaparates de las tiendas de Bleibtreustraße. Algunas habitaciones no son muy espaciosas, pero el bar y el restaurante son elegantes.

➀ 60 🚇 *S3, S5, S7, S9 Savignyplatz* 🚇 🅢 🅥 🅢 *Las principales*

BERLÍN ESTE

En los distritos del este de Berlín hay alojamientos de todo tipo, desde las calles residenciales de Prenzlauer Berg hasta el animado Friedrichshain, con bares y discotecas. El ambiente de la zona es relajado, hay muchas cafeterías y restaurantes, pero las principales atracciones culturales están lejos.

■ ADELE

€€€
GREIFSWALDER STRAßE 227
TEL. 030 44 32 43 10
adele-berlin.de

El hotel está escondido entre cafeterías y vinotecas a lo largo

de la calle. Las habitaciones parecen sacadas de una revista de decoración, con suelos de madera oscura y piel en todas partes, en tonos crema y pastel. El restaurante sirve platos de inspiración mediterránea.

➀ 14 🚇 *U2 Senefelderplatz* 🅟 🚇 🅢 🅢 *Las principales*

■ KASTANIENHOF

€€€
KASTANIENALLEE 65
TEL. 030 44 30 50
kastanienhof.berlin

La ubicación es excepcional, en una de las calles con más vida nocturna de Prenzlauer Berg. Antes de convertirse en uno de los primeros hoteles del Berlín Este tras la caída del Muro, este edificio histórico albergó una carnicería, una base militar rusa y apartamentos. La decoración es sencilla, pero los mapas históricos crean un ambiente especial.

➀ 35 🚇 *U8 Rosenthaler Platz* 🅟 🚇 🅢 🅢 *Las principales*

■ NHOW BERLIN

€€€
STRALAUER ALLEE 3
TEL. 030 290 29 90
nhow-hotels.com

Ambientes futuristas y colores vivos en este hotel, situado en un antiguo granero junto al río, pensado para los amantes de la música. Las habitaciones disponen de *wifi*, bases para iPod y televisores de pantalla plana. En la torre de acero hay salas de ensayo que se pueden alquilar y, si lo deseas, el servicio de habitaciones te

llevará una Gibson con auriculares para tocar.

➀ 304 🚇 *S3, S5, S7, S9, S 75, S 85, U1, U3 Warschauer Straße* 🅟 🚇 🅢 🅢 🅥 🅢 *Las principales*

■ MICHELBERGER

€€-€€€
WARSCHAUER STRAßE 39-40
TEL. 030 29 77 85 90
michelbergerhotel.com

Convertido en hotel tras haber sido un almacén, es una solución económica para disfrutar de la noche en Friedrichshain. Algunos de los clubes más prestigiosos de la ciudad y de Europa están a pocos minutos a pie. Las habitaciones tienen un aspecto rústico, con cables a la vista, camas elevadas y wifi gratuito. El ambiente del bar es agradable, con sofás y una biblioteca con libros de viajes.

➀ 119 🚇 *S3, S5, S7, S9, S 75, S 85, U1, U3 Warschauer Straße* 🚇 🅢 🅢 *MC, V*

■ ALTE-BÄCKEREI-PANKOW

€€
WOLLANKSTRAßE 130
TEL. 030 48 64 669
alte-baeckerei-pankow.de

Uno de los lugares más singulares de todo Berlín, ocupa el ático de una antigua panadería. El apartamento solo tiene capacidad para dos personas, con posibilidad de añadir dos camas supletorias. Está decorado en estilo rústico y parece sacado del cuento de Hansel y Gretel. En la planta baja hay un Museo de

la Infancia y una panadería
artesanal (abierto de 15:00 a
18:00 h, ma., mi. y vi.).
ⓘ 1 🚆 S1, S2 Wollankstraße
🅿 🚭 ♿ No se aceptan

■ OLD TOWN HOTEL
€€
GREIFSWALDER STRAßE 211
TEL. 030 54 71 38 90
ota-berlin.de
Quizás no sea muy original
en cuanto al diseño, pero
es agradable; todas las
habitaciones son diferentes,
coloridas y acogedoras.
Hay habitaciones dobles y
triples, las zonas comunes
son luminosas y cómodas;
el desayuno se puede
tomar en el patio interior,
decorado con flores y plantas.
La ubicación es ideal para
disfrutar de Prenzlauer Berg y
su animación.
ⓘ 24 🚆 U2 Senefelderplatz ⮀
♿ Las principales

■ 26 BERLIN
€€
GRÜNBERGER STRAßE 26
TEL. 030 29 77 780
hotel26-berlin.de
El ambiente y los servicios
son mejores que los de
un albergue, y es un hotel
bonito, ecológico situado en
medio de la animada zona de
Friedrichshain. El desayuno
está incluido y se compone
de quesos, zumos y embutidos.
Para relajarte, puedes elegir
entre la cafetería interior y los
sillones del jardín trasero.
ⓘ 19 🚆 U5 Frankfurter Tor
🅿 🚭
♿ Las principales

■ INDUSTRIEPALAST HOSTEL
€-€€
WARSCHAUER STRAßE 43
TEL. 030 74 07 82 90
industriepalast.de
Práctico albergue con
habitaciones para todas las
necesidades, desde individuales
hasta dormitorios con ocho
camas, en una ubicación
estratégica entre la East Side
Gallery y los locales de ocio
nocturno de Kreuzberg.
Perfecto para conocer gente
nueva si viajas solo o en
grupo. El establecimiento
ofrece desayuno continental,
conexión wifi gratuita y servicio
de alquiler de bicicletas.
ⓘ 90 🚆 S3, S5, S7, S9, S 75, S
85, U1, U3 Warschauer Straße
🚭 ⮀ ♿ No se acepta efectivo

■ SUNFLOWER HOSTEL
€-€€
HELSINGFORSER STRAßE 17
TEL. 030 44 04 42 50
sunflower-hostel.de
Es una buena opción para
alojarse en la ciudad y
disfrutar de los monumentos
y atracciones, así como de la
vida nocturna berlinesa, gracias
a sus precios asequibles y a su
ubicación a pocos pasos de
RAW-Tempel, Urban Spree
y East Side Gallery. Dispone
de habitaciones de diferentes
capacidades, desde individuales
hasta dormitorios para diez
personas, y alojamientos
con cocina americana. Todas
están amuebladas de forma
agradable y colorida. Ofrece
muchos servicios, como

lavandería, bar abierto todo
el día, desayuno hasta tarde y
alquiler de bicicletas.
ⓘ 42 🚆 S3, S5, S7, S9, S 75,
S 85, U1, U3 Warschauer Straße
🚭 ⮀ ♿ Las principales

SCHÖNEBERG Y KREUZBERG

Los dos barrios combinan el
tranquilo ambiente bohemio
de Schöneberg y el ambiente
multicultural de Kreuzberg y
Kottbusser Tor, y están cada
vez más orientados hacia el
emergente Neukölln, uno de
los distritos más interesantes
de la ciudad. Hay atracciones
culturales, como el Museo
Judío, la Galería Berlinesa y el
Landwehrkanal. A esto se suman
otros lugares con una excelente
relación calidad-precio.

■ GINN CITY & LOUNGE YORCK BERLIN
€€€-€€€€
MÖCKERNSTRAßE 49
TEL. 030 34 34 73 300
ginn-hotels.com
Elegante hotel de 4 estrellas
perteneciente a esta cadena
hotelera alemana. El estilo de
las habitaciones es moderno y
minimalista, con TV de pantalla
plana y WLAN gratuito.
Dispone de una
sala de conferencias, un bar y
salón y una terraza panorámica
con vistas a las 26 ha del
parque Gleisdreieck.
ⓘ 121 🚆 S2, S25, S26, U7
Yorckstraße 🅿 20 ⮀ 🚭 🚭
♿ Las principales

HOTELES

■ HÜTTENPALAST BERLIN

€€-€€€

HOBRECHTSTRAßE 66
TEL. 030 37 30 58 06
huettenpalast.de

Esta antigua fábrica de aspiradoras es la nueva frontera del *glamping*, es decir, el camping de lujo. Algunos artistas han reformado tres caravanas y tres cabañas para alojar a los turistas. Puedes relajarte bajo árboles artificiales y desayunar (incluido) en el bar del jardín. También hay habitaciones tradicionales con baño privado en el ala trasera del hotel.

🚪 19 🚇 U7, U8 Hermannplatz

■ PARK PLAZA WALL STREET

€€-€€€

WALLSTRAßE 23-24
TEL. 030 84 71 170
radissonhotels.com

Este hotel de lujo muy cerca de Checkpoint Charlie parece hecho para magnates de las finanzas, con símbolos del dólar por todas partes. En realidad, es un juego para desmitificar ese mundo, pero el alojamiento y las habitaciones son realmente modernos y están equipados con todas las comodidades: desde tejidos de alta calidad hasta *wifi*, televisores de pantalla plana y cajas fuertes.

🚪 80 🚇 U2 Märkisches Museum

🅿 ⮂ 🈁 🛇 🛎

⛷ *Las principales*

■ GRAND HOSTEL CLASSIC

€-€€

TEMPELHOFER UFER 14
TEL. 030 20 09 54 50
grandhostel-berlin.de

El ambiente es el de un gran hotel, pero se trata de un albergue moderno. Las habitaciones de este edificio del siglo XIX, con techos altos, suelos de parqué y elegantes elementos decorativos, se han convertido en habitaciones privadas y dormitorios compartidos. Además, dispone de alquiler de bicicletas, excursiones, bar y diversas actividades (¡incluso clases de alemán!).

🚪 35 🚇 U1, U3, U7 Möckernbrücke

⮂ 🛇 ⛷ *Las principales*

DAHLEM Y EL OESTE

Aunque se encuentra a solo 15 min en metro del centro, Dahlem parece formar parte de otro mundo. Entre las calles del barrio, con villas del siglo XIX, abundan los hoteles bonitos, cómodos y económicos. Y en las inmediaciones te esperan el bosque de Grunewald, el Museo Europeo de Culturas y el Jardín Botánico.

■ DAS LITERATURHOTEL

€€€

FREGESTRAßE 68
TEL. 030 85 90 960
literaturhotel-berlin.de

Mobiliario Biedermeier y ubicación del siglo XIX para este elegante hotel, en el que hay una sala dedicada a los protagonistas locales de la literatura: libros, biografías, manuscritos, dibujos y fotografías que narran la vivacidad intelectual del barrio de Friedenau. En verano, desayunar a la sombra del jardín trasero es un placer que no te puedes perder. Las tarifas incluyen el desayuno.

🚪 18 🚇 S1 Friedenau ⮂
⛷ V, MC

■ SEEHOTEL GRUNEWALD

€€-€€€

STRAßE AM SCHILDHORN 5
TEL. 030 30 09 700
seehotel-grunewald.de

Este hotel de 3 estrellas se encuentra en el bosque de Grunewald, en una zona tranquila y relajante a orillas del río Havel. El Olympiastadion, el Waldbühne y la ciudadela de Spandau están a poca distancia en coche. El establecimiento ofrece un desayuno bufé con magníficas vistas al río Havel. La media pensión incluye entrantes, sopas, platos de carne y vegetarianos, y postres. Hay conexión wifi gratuita en todo el hotel.

🚪 50 🚇 S-Bahn Heerstraße y autobús 218

🅿 ⮂ 🛇 🈁
⛷ *Las principales*

GUÍA LINGÜÍSTICA

En alemán, «ss» se puede escribir con el signo «ß». Corresponde a la «s» muda y se encuentra en muchas palabras, por ejemplo, en Straße (calle, vía).

Palabras y frases útiles

Sí *Ja*
No *Nein*
Por favor *Bitte*
Gracias *Danke*
Disculpe *Entschuldigen Sie* bitte
Hasta luego *Auf Wiedersehen*
Buenos días *Guten Morgen*
Buenas tardes (mediodía) *Guten Tag*
Buenas tardes *Guten Abend*
Buenas noches *Gute Nacht*
hoy *heute*
ayer *gestern*
mañana *morgen*
ahora *jetzt*
más tarde *später*
izquierda *links*
derecha *rechts*
siempre recto *geradeaus*
Habla inglés? *Sprechen Sie Englisch?*
Soy español/a *Ich bin Spanier (m) / Spanierin (f)*
No entiendo *Ich verstehe nicht*
¿Dónde está/están...? *Wo ist/ sind...?*
Me llamo... *Ich heisse...*
¿Cuándo? *Wann?*
¿Qué hora es? *Wie viel Uhr ist es?*

En el hotel

¿Tienen habitaciones libres? *Haben Sie noch ein Zimmer frei?*
una individual *ein Einzelzimmer*
una doble *ein Doppelzimmer*
con/sin baño/ducha *mit/ ohne Bad/Dusche*

Emergencias

Ayuda *Hilfe*
Necesito un médico/dentista *Bitte rufen Sie einen Arzt/ Zahnarzt*
¿Me puedes ayudar? *Können Sie mir helfen?*
¿Dónde está el hospital?/ ¿la comisaría?/ ¿un teléfono? *Wo finde ich das Krankenhaus?/ die Polizeiwache?/das Telefon?*

De compras

¿Tienen...? *Haben Sie...?*
¿Cuánto cuesta? *Wie viel kostet es?*
¿Aceptan tarjetas de crédito? *Akzeptieren Sie Kreditkarten?*
¿A qué hora abren/cierran? *Wann machen Sie auf/zu?*
caro *teuer*
económico, barato *billig*
monedas, cambio *kleingeld*
número (zapatos) *schuhgrösse*
talla (ropa) *kleidergrösse*

Turismo

abierto *geöffnet*
cerrado *geschlossen*
exposición *ausstellung*
Información turística *Touristen-Information*
precio de la entrada *eintrittspreis*

Comidas

Me gustaría pedir *Ich möchte bestellen*
Soy vegetariano/a *Ich bin Vegetarier (m)/Vegetarierin (f)*
La cuenta, por favor *Die Rechnung, bitte*
cena *abendessen*
menú *speisekarte*
sal *salz*
pimienta *pfeffer*
pan *brot*
queso *käse*

bebidas *Getränke*
agua *wasser*
café *kaffee*
zumo de manzana *apfelsaft*
zumo de naranja *orangensaft*

carta de vinos *weinkarte*
cerveza *bier*
vino blanco *weisswein*
vino tinto *rotwein*

desayuno *frühstück*
bacon *speck*
huevos *eier*
panecillo *brötchen*

carne y pescado *fleisch und fisch*
albóndigas de hígado de ternera *leberknödel*
estofado de ternera *sauerbraten*
gambas *krabben*
jamón *schinken*
rosbif *rinderbraten*
salchicha de cerdo *bockwurst, wurstel*
salmón *lachs*
trucha *forelle*

frutas y verduras *obst und gemüse*
arroz *reis*
cebolla *zwiebeln*
col *kohl*
espárragos *spargel*
fresas *erdbeeren*
limón *zitrone*
manzana *apfel*
naranja *apfelsine/orange*
patatas *kartoffeln*
uva *weintrauben*

postres *nachspeisen*
buñuelo / berlinesa *krapfen/ berliner krapfen*
tarta de fruta *obstkuchen*
tarta de manzana *apfelkuchen*

Autor

Paul Sullivan Con textos adicionales de: Paul Dowswell, Jan Otakar Fischer, Nicky Gardner, Susanne Kries y Brendan Nash Agradecimientos: DavidDörrast, Marc Funde, Dra. Ruth Mandel, Dirk Palme, Mark Ravenhill y Marie Theurer

créditos fotográficos

Abreviaturas SS (SuperStock), RH (Robert Harding), DR (Dreamstime. com), SH (Shutterstock)

a = arriba, b = abajo, s = izquierda, d = derecha, c = centro

2-3 peter jesche/SH; **4** Malte Jaeger; **5ad** Luca Da Ros/SIME/4Corners; **5bs** AA World Travel Library/Alamy; **5cd** Held Jurgen/age fotostock/RH; **6** Malte Jaeger; **9** Pani Garmyder/SH; **12-13** Artsy/DR; **14a** fotoVoyager/ iStock.com; **15a** Massimo Borchi/ SIME/4Corners; **15** Günter Gräfenhain/4Corners; **17** Malte Jaeger; **18as** Maria Heyens/Alamy; **18bd** Ben Southgate; **19** Carol_Anne/ iStock.com; **20** Lucas Vallecillos/ age fotostock/RH; **22bs** Giovanni Simeone/SIME/4Corners; **22a** Malte Jaeger; **23ad** Guido Cozzi/ SIME/4Corners; **23bd** Marka/ SuperStock; **24** JJFarq/SH; **26a** RodrigoBianco/iStock.com; **26b** Iain Masterton/age fotostock/RH; **27b** Malte Jaeger; **28** Trabi Safari/East Car Tours GmbH & Co. KG; **30b** Walter G. Allgower/imagebroker/ RH; **31ad** Jens Benninghofen/Alamy; **31as** Christian Reister/imagebroker/ RH; **31bd** © DDR Museum, Berlín 2014; **33** Konstantinos Papaioannou/ DR; **34bs** Miquel Tres López/ age fotostock/RH; **34as** Patrick Poendl/123RF.com; **35bc** National Geographic; **35ad** Ben Southgate; **36** Anna Serrano/SIME/4Corners; **38** Mo Photography Berlin/SH; **38b** LOOK foto/SuperStock; **39a** Yuri Turkov/SH **39b**, 41 RITTER SPORT, Bunte SchokoWelt, Berlín; **42** Adam Eastland/Alamy; **43as** © SDTB/ Foto: F. Grosse; **43d** Anticicio/iStock.

com; **45** Iain Masterton/Alamy; **46-47** National Geographic; **50** Iain Masterton/age fotostock/RH; **52c** Malte Jaeger; **52bs** Noppasin/ SH; **53cd** Walter G. Allgower/ imagebroker/RH; **53bc** lexan/SH; **54** Malte Jaeger; **55** National Geographic; **56** TK Kurikawa/SH; **58** Werner Spremberg/SH; **61** Julie Woodhouse/ imagebroker/RH; **62** Zanna Karelina/ SH; **64** Gianni Dagli Orti/The Art Archive; 65 John Springer Collection/ Corbis; **66** Everett Collection/Rex Features; **67** akg-images; **69** Mo Photography Berlin/SH; **70** Iain Masterton/Alamy; **72** rfarrarons/ iStock.com; **72bc** Rainer F. Steussioff/ intro/imagebroker/Alamy; **73bd** Peter Horree/Alamy; **73ac** John Hicks/Corbis; **74** ColorMaker/SH; **77** Noppasin Wongchum/123RF. com; **79** Uli Deck/epa/Corbis; **81** Iain Masterton/Alamy; **82** National Geographic; **84** (00013020) Margarete Büsing/Museo Egipcio y Colección de Papiros, Museos Estatales de Berlín/ bpk; **85** Ben Southgate; **86** Corbis; **87** imagebroker.net/SS; **89** Günter Gräfenhain/4Corners; **90** Hemis.fr/ SuperStock; **91** Travelstock44/LOOK/ RH; **92** Malte Jaeger; **94** Manfred Harzl/DR; **95ac** Prisma/Álbum/ akg-images; **95cd** (00022269) Jörg P. Anders /Nationalgalerie, SMB/bpk **96** Karl Johaentges/LOOK/RH; **98** Gary Yim/SH; **100** National Geographic; **102** Svetlana Samarkina/123RF.com; **103** National Geographic; **105** Carsten Koall/Getty Images; **107** Fundación Palacios y Jardines Prusianos de Berlín-Brandeburgo/JTB Photo/SS; **108ad** Fundación Palacios y Jardines Prusianos de Berlín-Brandeburgo/ fotógrafo: Jörg P. Anders; **108bs** Stefano Amantini/4Corners; **109as** Emanuele Leoni/DR; **109** mr Hemis. fr/SS; **110** Alexander Ruszczynski/ SH; **112** Erik De Graaf/DR; **113** Jurgen Henkelmann/imageBROKER/RH; **114** Fundación Palacios y Jardines Prusianos de Berlín-Brandeburgo/ Abel Tumik/Dreamstime.com; **116** Fundación Palacios y Jardines Prusianos de Berlín-Brandeburgo/Nomad/ SS; **117** Fundación Palacios y Jardines Prusianos de Berlín-Brandeburgo/

Alexandre Fagundes De Fagundes/DR; **118** Federico II como rey (óleo sobre tabla), Pesne, Antoine (1683-1747) (atribuido) / Staatliches Schlosser und Garten, Postdam, Alemania/ The Bridgeman Art Library; **119** akg-images; **121** Sean Gallup/Getty Images; **122** Erich Teister/123RF. com; **124bs** Malte Jaeger; **125ad** Luca Da Ros/SIME/4Corners; **125cs** Massimo Borchi/SIME/4Corners; **125bd** Ben Southgate; **126** Hemis. fr/SuperStock; **127** Malte Jaeger; **129** Luca Da Ros/SIME/4Corners; **130** Caro/Alamy; **132** Álvaro Leiva/ RH; **133** travelstock44/Alamy; **134** hanohiki/SH; **135** Schroewig/ BP/dpa/Corbis; **137** David Yates/ HYPERLINK «http://andberlin.com» http://andberlin.com; **138** Gianluca Santoni/SIME/4Corners; **140** John Stark/Alamy; **141a** © Museo Judío de Berlín, foto: Jens Ziehe; **141b** Ben Southgate; **142** (10005819) bpk; **143** Juergen Henkelmann Photography/ Alamy; **145** © Berlinische Galerie, Foto: Nina Strassguetl; **146** Sammlung Werkbundarchiv - Museum der Dinge, Berlín/Foto: Armin Herrmann; **147** Vin Aqua Vin; **148** Massimo Ripani/SIME/4Corners; **150** Daniela Incoronato; **151** Sean Gallup/Getty Images; **153** Urbanmyth/Alamy; **154** Wolfgang Scholvien; **156** Agentur Garp Hoppe, Tim/ Deutsche Zentrale für Tourismus e.V.; **156d** I.Haas, Botanischer Garten und Botanisches Museum Berlin-Dahlem; **157** Chodan/ AlliiertenMuseum; **158** Bettmann/ Corbis; **159** AA World Travel Library/ Alamy; **160** Britta Pedersen/ dpa picture alliance/Alamy; **162** Nightflyer/ wikimedia.org; **164** Colin McPherson/Corbis; **165** Bettmann/ Corbis; **166** Zettler/dpa/Corbis; **167** Robert Wallis/SIPA/Corbis; **169** Kuttig - Travel/Alamy; **170** Karl Johaentges/ LOOK/RH; **171** Maria Conradi/Caro/ Alamy; **172-173** Carlo Moruchio/RH.

Fundada en 1888, la National Geographic Society ha financiado más de 14 000 proyectos de investigación, exploración y conservación en todo el mundo. La National Geographic Society está financiada por National Geographic Partners, LLC y, por lo tanto, en parte gracias a su apoyo. De hecho, parte de los ingresos derivados de la compra de este libro están destinados a apoyar la importante misión de la National Geographic Society.
Para obtener más información, visite natgeo.com/info
Desde 2001, National Geographic vincula su nombre a Edizioni White Star, que edita y distribuye la edición italiana de las guías y obras más prestigiosas.

Publicado por National Geographic Partners, LLC.

Traducción: Ormobook

© 2026 White Star s.r.l.
Piazzale Luigi Cadorna, 6
20123 Milano, Italia
www.whitestar.it

Licenciatario de National Geographic Partners, LLC.

ISBN 978-88-540-6218-4
1 2 3 4 5 30 29 28 27 26

Impreso en Polonia

Las noticias y los datos existentes en este libro, tomados de publicaciones oficiales, están sujetos a cambios con el tiempo y, por lo tanto, National Geographic Partners, LLC, no asume ninguna responsabilidad, errores u omisiones al respecto. La mención de lugares, hoteles y restaurantes queda a criterio del autor y no refleja necesariamente las opiniones del editor. El editor no asume ninguna responsabilidad derivada del uso de este libro.

MIXTO
Papel | Apoyando la
silvicultura responsable
FSC® C178000
FSC
www.fsc.org

CRÉDITOS